「いい会社」の よきリーダーが 大切にしている 7つのこと

瀬戸川礼子
Setogawa Reiko

内外出版社

まえがき

こんにちは。ジャーナリスト・中小企業診断士の瀬戸川礼子です。「働く人のやりがい」を主要テーマに活動しています。

これまで、全国47都道府県すべてに複数回ずつ赴き、製造業からサービス業まで、大企業から小規模企業まで、さまざまな会社を取材してきました。現地の空気を感じながら、少なくとも2600人を超える経営者とそれ以上の社員の方々に出会い、これに加えて、中小企業診断士として行政の経営相談窓口で1000社を超える経営支援をさせていただきました。

その過程で確信するのは、規模も、業種も、立地も、歴史も関係なく、「いい会社は似ている」ということです。**本書でいう「いい会社」とは、働く人のやりがいが高く、顧客に信頼され、地域に必要とされ、だから業績も伴っている会社のことを指します。**

そして、いい会社には「よきリーダー」がいます。本書では、私が取材の過程で出会ってきたよきリーダーに共通することを、図解入りで分かりやすくお伝えしていこうと思います。

意外なことに、以前はコミュニケーションが苦手だったり、横柄だったり、本業の知識がなかったり、リーダーの心構えがなかったと言い、それでも頭をひねりながら、心を砕きながら、よきリーダーへと変貌された方々です。

彼らのリーダー像は、私の目には、「惜しみない人間愛を持って、人の輝きを引き出す人」と、映ります。

では、彼らはどのような想いと努力で「よきリーダー」だと周りから認められるようになっていったのか。本書ではそのエッセンスを7つに絞り、考え方や事例をお届けします。

ここで、本書と関連することなので、もう少し自己紹介にお付き合いください。

私は現在、5つの仕事をしています。ひとつ目は、最も長く、また仕事の土台となっている経営ジャーナリストです。1993年に『週刊ホテルレストラン』という経営業界誌の記者からスタートし、2000年に独立してからは、製造業からサービス業まで多様な業界を取材対象としてきました。

ふたつ目は講演活動、３つ目は研修講師、４つ目は中小企業診断士としてコンサルタントを、そして５つ目はホワイト企業大賞や中小企業庁など委員の仕事です。これらすべてのテーマが「働く人のやりがい」であり、業界を問わない不変のものだと考えています。

このテーマに行き着いたきっかけは、業界誌の記者だった90年代にさかのぼります。取材を通してホテルで働く方々と親しくなり、友人として会う機会もよくありました。その際も、彼らは顧客を「お客さま」と呼び、大切な存在として語ります。私はそこに、献身的な心とプロの誇りを感じました。

一方、彼らには、人間関係や長時間労働の悩みをどこにも持って行けない閉塞感があり、私はよく、「お客さまの幸せは大切だが、彼らの幸せも同等に大切なはずだ」と、釈然としない想いを抱いたものです。この課題は宿泊業に限らずすべてのサービス業にありますし、製造業、建設業、金融業、小売業などあらゆる業界に同じ課題があるのはご存じのとおりです。

そして独立後、さまざまな業界の会社取材を始め、とりわけ「いい会社」の取材に特化していくようになります。いい会社には、すべての会社に活きる幸せのヒントがあると直感したからです。

その通り、いい会社は顧客の満足以上に社員の働きがいを重視しており、それが顧客満足と業績にも好影響をもたらす理想の循環ができていました。これは、業績を重視した経営によって働く人が疲弊するのとは真逆のサイクルです。私は、前者こそが経営の王道だと確信しました。

誰だって幸せに働きたいと思っています。

だから、場面ごとに最善策を選んで行動を取っているわけですが、その積み重ねが必ずしも幸せにつながっているとは限らず、むしろ遠ざけていることもあります。もっといい方法があるならそれを参考にしたほうがよいに違いありません。

誰だって、よきリーダーの存在は大切だと言います。

ならば、誰かの出現を待つのではなく、自分がよきリーダーへの道を歩こうではありませんか。

大多数の人は、大人になれば会社で働きますし、独立するにせよ、最後まで会社員でいるにせよ、あるいは家庭で働く人であっても社会の一員ですから、よきリーダーになることが求められます。

理由は枚挙に暇がありません。ひとつには、仕事は広義の意味で、結局は誰かと組むことになっているからです。また、生きていれば誰でも例外なく歳を取り、直接的・間接的に後輩という存在が生まれるからです。

さらには、今後は速度を上げて人工知能が発達し、機械に代替される仕事が増えていくでしょう。そのとき、人間にしかできない仕事はますます重視され、力を引き出すリーダーがさらに必要になっていくはずだからです。

しかし、私は恐怖心をあおって誘導したいのではありません。一番言いたいのは、人として生まれた以上、公私ともに幸せなことが幸せだからであって、それはひとりではなく縁のあった人と共にやりがいを持って行なうことによって叶うからです。だから、それを実感できるよきリーダーへの道を歩いていきませんかと言いたいのです。

そんなよきリーダーへの道標が、本書で担えるのなら光栄です。

目次

2章

4章

5章

6章 よきリーダーは「率先垂範」せず「主体性」を大切にする……193

7章 よきリーダーは「効率」より「無駄」を大切にする

装画　保光敏将
装丁　石間　淳
本文デザイン・ＤＴＰ　ナナグラフィックス

1章

よきリーダーは「数字」より「心」を大切にする

先頭に立つ人がリーダーとは限らない

リーダーと聞いて、どのような人を連想しますか。

「Leader」というからには、一番前に立って、人を先導(Lead)する人でしょうか。恐らく一般的にはこのイメージが強いでしょう。けれども、あえて率先垂範しないことで人を育てているリーダーもいます。

では、誰よりも仕事の知識を持つ人のことでしょうか。しかし、本業の知識や技術を社員ほどは知らないのに、いい会社をつくっているリーダーは数多くいます。

ならば、業績を上げる人こそがふさわしいでしょうか。ところが、いい会社にいるリーダーは、数字を重視して働く人ではありません。

例えば、音楽の世界にさまざまなアーティストがいるように、経営の世界にもさまざまなリーダーがいます。アーティストの中には、周りがおいそれと近付けないようなカリスマもいれば、スタッフと手を携えて仲良く活動する人もいるでしょう。演奏技術が命の人もいれば、ファンとの交流が命の人、もちろん両方を同等に尊ぶ人もいるでしょう。

アーティストのこうした在り方は、ロック、クラシックなどのジャンルで異なるのではなく、価値観の違いです。経営のリーダーもまた、製造業、サービス業など業種の違いではなく、どのような組織をつくりたいか、自分はどう在りたいかという価値観によって、よきリーダー像は変わるのです。

組織では、主任、課長、部長、社長など、肩書きを持てば立場的にはリーダーです。しかし、それは表面的なものに過ぎないことは誰もが分かっています。歴史上の偉人や近代の名経営者をみても、その肩書きで一目置かれているわけではありません。「よきリーダー」と「肩書き上のリーダー」は似て非なるものなのです。

よきリーダーの7つの共通点

では、よきリーダーとはどのような人を指すのでしょうか。前述のようにひとつの答えはありませんが、長年、さまざまな業界のいい会社で、数えきれないよきリーダーに出会ってきた私はこう考えています。

よきリーダーとは、**「惜しみない人間愛を持って、人の輝きを引き出す人」**だと。

そして、次の7つを具体的な在り方としてとらえています。それが、本書の章立てである**「数字より心を大切にすること」**、**「スピードより順番を大切にすること」**、**「満足より感動を大切にすること」**、**「威厳より笑顔を大切にすること」**、**「仕事に感情を持ち込むこと」**、**「率先垂範せず主体性を大切にすること」**、**「効率より無駄を大切にすること」**です。

7つの中には、馴染みのない考え方もあるでしょう。しかし、ここに記すのは実践〜プロセス〜結果のそろったものばかりですから、取り入れたい考え方や方法がきっとあるはずです。世の中のニーズが量から質へ、画一から個性へ、満足から感動へと移り変わる中で、本書では半歩〜一歩先を行く考え方と事例をさまざま紹介していきます。これからの社会で必ずや必要となる在り方に違いない、と私は思っています。

では早速、ひとつ目に入っていきましょう。よきリーダーは人の心を大切にします。少し時代をさかのぼって、唯一、取材をしていない事例から取り上げます。

多くの人が名リーダーと認めるホンダの創業者・本田宗一郎氏のエピソードです。

宗一郎氏は長年務めた代表を降りた後、各営業所を訪ね歩きました。これまで会えなかった現場の社員一人ひとりと握手を交わすためです。全国にまたがる大企業ですし、海外にも支社を構えますから、費やされた時間と距離を考えただけでも頭が下がりますが、氏の想いは生半可なものではありませんでした。

ある工場で宗一郎氏は、握手を避けるかのように立ち去ろうとする工員に目が留まり、とっさに呼び止めました。すると工員は、油で真っ黒になった手を恥じるように隠そうとしました。自分との握手によって、偉大な創業者の手を汚すのは忍びなかったのでしょう。

しかし、宗一郎氏はその黒い手をぎゅっとつかみ、握りしめて言うのです。「働き者の立派な手じゃないか。おれはこういう手が一番好きなんだ」。そう語る瞳は涙で潤んでおり、創業者の想いに触れた工員も感極まって涙したそうです。

宗一郎氏は技術の人でもありましたが、まさかと思うほどの情をたたえた人でもありました。人を大切にする「想い」は最後まで一貫していました。

川越胃腸病院（埼玉県川越市）

職員の幸せを第一に
よき人だけがよき医療を実現できる

医師の君臨を是とする考えが根強い医療界において、「**職員の幸福こそ経営の原点**」との想いを貫くリーダーがいます。埼玉県で唯一の消化器科専門病院「川越胃腸病院」の院長・望月智行さんです。

同院は「小規模病院の優良モデル」として評されており、２０１１年には医療界で初めて日本経営品質賞を受賞しました。１１７人の職員で40床の病床と消化器科の急性期病床および消化器内視鏡センターを運営する手厚い体制で、院内を歩けばそこここに笑顔の花が見られます。

望月さんは義兄より後継した１９８３年から、「**第一顧客は職員、第二顧客が患者**

さま、第三顧客が社会や関連企業」と公言してきました。患者（顧客）と職員（社員）の優先順位が逆ではないかと思われるかもしれませんが、突き抜けたいい会社は、働く人が先に来るのはもはや常識です。人として、身近な人を大切にするのは当然である上に、開発も企画もものづくりもサービスもすべて働く人が行なうのですから、**顧客を大切にするためにも社員第一のほうが自然**なのです。

「医療は究極のサービス業」ととらえる川越胃腸病院も、職員の幸福感や心のあり方がそのままサービスの質になるとして、職員を第一顧客と位置付けています。「**よき医療はよき人が根幹**」だからです。

毎朝6時半、望月さんは誰よりも早く出勤します。夜勤の看護師に状況を聞きながら院内をそれとなく回診し、それが終わるとメールや書類のチェック。そうこうしているうちに職員が出勤して来ますから、院長自ら「おはよう」と、声をかけに出向くこともあります。

職員に聞いて驚いたのは、外注の清掃係が後ろ姿で働いているときですら、「〇〇さん、おはよう」と、名前を呼んで声をかけるという話です。どんな立場の人も例外なく、常に「**人間尊重の職場づくり**」を実践しているのでした。

質を重視し、安定的な黒字経営を続ける病院に

そんな川越胃腸病院では、よく珍しい現象が起きます。例えば、退院した患者が病院の清掃係に会いに来たりするのです。院長から名前で呼ばれる光景が象徴するように、立場に寄らず仲間として受け入れられた人は、単なる清掃要員ではなくなります。すると、自分もサービススタッフのひとりなんだという意識を持って、気後れせずに「今日は天気がいいですね」、「クリスマス会が楽しみですね」と、自ら患者に声をかけられるわけです。

同じ現象が外注の売店職員にも見られます。わずか3時間の勤務とはいえ、彼女たちの笑顔は魅力的で、ファン（患者やその家族）が後を絶ちません。

望月さんは常々、「医療は言葉」と表現します。ことほどさように医療現場の職員はもとより、外注のスタッフまでが患者に優しい言葉をかけられる病院は、患者にしてみればどんなに心救われる場になることでしょう。

職員は、同院が目指すこうした在り方を普段から語り合っています。「理念をさかなに2時間は飲めますよ」と、笑いながら話した看護師さんもいました。愚痴ではな

く理念が酒のさかなになる。そういう組織もあるのです。

特筆したいのは、こうした**質を重んじる経営が、量としての結果も生んでいる**ことです。小規模病院でありながら、手術数は胃がんと大腸がんを中心に年間約３６０件以上、内視鏡検査にいたっては年間約１万８０００件と、大規模病院に匹敵する業績を上げています。

また、病床に対する職員数が異例の多さであるにもかかわらず、全国の自治体病院の9割超、民間病院の５割超が赤字経営の中、川越胃腸病院は長年、健全な利潤を生んでいます。

待遇面も整備されています。看護師の育児休暇取得率と出産後の職場復帰率は２０１４年度からの３年間でともに１００％。後者は24時間保育体制が有効に機能している表れでしょう。業界では定着が最も困難とされる看護職員（43人）の離職率は、過去10年以上にわたって０〜５％に留まっています。

職員を第一顧客とする病院は、利潤を遠ざけているかのように思われますが、実際は、安定した利潤につながるのです。

数字より心を大切にすると両方がついてくる。これは、いい会社ではもはや当たり前の考え方です。本書で順を追って解明していこうと思いますが、世の中には、見えない筋道があるのです。

望月さんは、医学分野で優れた業績を修めることと、優秀な臨床医であることは別次元の問題と考えてきました。「この患者さまはどのような想いで生きてこられ、これからどう生きたいのか。そこに関わる医療の在るべき姿は?」、医療者は病よりももっとその人自身に関心を持つべきであり、そこまで包括したものが本来の医療でなくてはならないとしています。よって、それを行なう職員が第一顧客になるのです。

価値観を共有できる人財採用とやりがいを育む評価制度

川越胃腸病院は、「良き医療は良き人が根幹」という想いをリーダーが自らの言葉で語り、行動で示すほか、明快な仕組みも取り入れています。

医療界ではいち早く、1983年から評価制度を導入しました。全国6500社で利用されている賃金制度（弥富式新職能給制度）がそれです。病院組織を特別視して都合のいい内容に変更することなく、制度の普遍性や基本をかたくなに守り続け、何十年も真摯に運用してきました。

興味深いのは資格、技術、経験年数といった絶対評価がないことです。絶対評価にすると医師の評価が断トツになりますが、望月さんは自身を含めた医師が頂点に立つヒエラルキー（上下階層関係）を正したいと思ってきました。なぜなら、「一人ひとりの職員が能力を存分に発揮し、同じ目的目標に向かって最大の総合力を発揮できる健康な組織」を目指したからです。

そこで、チームワーク、思いやり、個人の成長に求められる積極性や創意工夫を評価する制度を取り入れ、たとえ資格や技術がなくても、人間性と仕事の質で「患者さまの幸せに貢献」すれば認められる公平な評価にしました。

実は、川越胃腸病院にも、悩み多き時代がありました。人を大切にする想いが伝わらず、リーダーも育たず、人が根付かない。採用してもこの繰り返しです。その末に気付いたのは、資格と技術偏重の組織では、この悪循環から抜け出せないということでした。そこで、目的と価値観を共有できる人の採用に力を入れ、そういう人がやりがいを得られる評価制度を取り入れたのです。

世の中には、理念と評価がかみ合っていない会社が多々ありますが、**理念と評価は2つでワンセット**です。また、採点だけではなく、日ごろの声かけも含めた総合的な評価こそが理念に導きます。

人間性を高めチーム力を育て、患者と心でつながる

同院では、患者様満足度調査も30年間毎年行なわれています。医療界ではまず聞かないCS調査ですが、同院は診療・看護・事務・薬剤・放射線・臨床検査・給食・清掃と、部門ごとに患者の人的サービス満足度を計り、院内やホームページで公開しています。回答率は99%、総合満足度は例年90%超え、これはもう、患者がファン化していると言っていいでしょう。コメント欄には次のような言葉が並んでいます。


「誇りを持って働くみなさんに感謝。理念が隅々にまで浸透しているのが素晴らしい」

「受付の空気がほかの病院と違って癒やされます」

「入院中、一度も嫌な顔をされませんでした」
「鼻からのカメラ、本当に楽でした」
「お掃除の方がいつもあいさつをしてくれるし、ホテルのようにきれいですね」

高い技術力は同院の誇りですが、こうしたコメントを読むと患者は人間性のほうに、より目が向くのだということが分かります。つまり、理念と評価のように、技術と人間性もふたつでワンセットなのです。

川越胃腸病院は１９６９年の開院以来、１件の医療訴訟も経験していません。医療界、特に事故の多い急性期医療の組織としては信じ難いと言われています。これは、技術力はもちろんのこと、職員の人間力を高めることでチーム力を育て、患者との信頼関係を高めているからこそでしょう。

最後にひとつエピソードを。ある年、私は川越胃腸病院の職員研修にオブザーバーとして参加しました。休日の日曜日にもかかわらず、参加希望の職員で会場はいっぱいでした。４〜５人のグループに分かれたそれぞれのテーブルには、季節の花が飾られています。研修のテーブルに花を生ける、その発想に感心したものです。

この日は、「よきリーダーとは？」「どうすればそこに近づけるか？」、を語り合いました。

各々が具体的な出来事を挙げながら、「誰の目に触れていなくても恥ずかしくない行動を取る」、「能力があれば尊敬されるが、それは信頼とは違う」、「他人事にせず自分のこととして考える」、「困ったときに逃げない」などの意見をシェアしました。

研修の最後にひとりが言いました。

「私は引っ越しで近々退職します。そのため、本当は出たかったこの研修に応募しませんでした。ほかにも希望者がたくさんいたからです。でも、それに気づいた院長先生が、『病院のためじゃないよ。これからのあなたのためだよ』と、研修に参加させてくれました。ここを離れるのは寂しいですが、最高のプレゼントを次に活かしたいと思います」

最後は言葉にならず、会場中が拍手と涙に包まれました。辞める人の未来まで考え、最後に教育という贈り物をする。まさに、人への想いがあるリーダーだと感じます。

ゴールを知っているだけではたどり着けない

川越胃腸病院も、本書でこれから紹介していくいい会社も、決して楽な職場ではありません。いい会社はアスリートのように筋肉質で、怠けることはできません。しかし、「楽ではない」のですが、同じ目的意識を持って切磋琢磨し合う「楽しい」職場です。

望月さんは先ほどの研修で職員に語りかけていました。「**楽だけど達成感のない職場は嫌だよね。仕事は厳しくても、心辛くない職場を目指そうね**」と。

このように、どのような想いを持ってどの方向に行こうとしているのか、組織を構成する全員が理解することはとても大切です。それを体感するゲームを私はよく講演で行ないます。簡単ですから、ここで一緒にやってみましょう。

バラバラな想いを実感する富士山ゲーム

「いま、この会場にいる全員で富士山に登りたいと思います。ひとり残らず登頂して、『やったね！』と、喜び合うことが目的です。では、自分だったらどちらの方向に歩いて行きますか。現実に富士山がそびえ立っているであろう方向を指差してみてください。人につられてしまうので、目を閉じてお願いしますね。私も一緒にやります。はい、どうぞ」

10秒後、指はそのままで、目を開けてぐるりと見渡してもらいます。すると、指差す方向が見事にばらばらで笑いが起きます。何が言いたいか、ほとんどの人は察しているはずです。

「**ゴールを知っているだけではたどり着けない**」ということに。

日本一高い富士山について、もはや説明の必要はありませんでした。けれども、富士山を知っているからといって、歩く方向まで分かっているわけではないのです。仮に今、ばらばらに指差した方向に歩き始めたら、大変なことになります。

会社もこれと同じです。どれほど立派な理念があっても、働く人の想いがばらばらならば、絵に描いた餅ならぬ、額に書かれた言葉でしかないのです。ですから、リーダーがみなと共に目的を語り合う場を設けたり、仕組みを導入したりすることが必要になるのです。

大企業や中堅企業はたいてい理念を持ちますが、具体的にどういうことを目指しているかを語れる人は意外と多くありません。また、小規模企業や個人事業主にいたっては、理念のないことがほとんどです。経営理念は、言葉の重みとは逆に、軽んじられていることが多いのです。

事実、全国津々浦々で大中小と数えきれない会社の経営者に出会ってきましたが、経営理念のある会社は2～3割しかないだろうと、私は感じています。さらに、その理念が仕事に生かされている会社となれば、0・1％もないでしょう。

理由は、経営理念がなくても会社経営はできるからです。それは、人は理想像を思い描けなくても生きていけるのと同じです。

「何のために働くのか」という目的意識を共に持とう

私的な個人としては、どんな理想像を持とうがその人の自由です。世界中の人間のあるべき姿は幸せになることだと私は考えますが、幸せの定義は人によって異なります。生まれてから戦争しか知らない異国の人は、「平和こそが幸せだ」と言うかもしれません。貧しい国の人は、「好きなものをお腹いっぱい食べること」と言うかもしれません。切ない話です。

また、私が出会ったある人は、「明るい家庭こそが一番の幸せ」と言い、ある人は「心の成長の実感だ」と言いました。「一生困らないほどのお金を持つこと」と言った人もいます。共感できる話もできない話もありますが、個人の幸せの捉え方は、人それぞれの自由です。

けれども、会社は複数人で同じ山に登る一行ですから、迷子が出ないように理念というひとつの旗を掲げるほうが分かりやすいのです。会社によっては、理念ではなく、社是、方針、目的などと表現が変わることもあるでしょう。
もちろん、文字にしなくても「想い」が各々で共有されているのならそれもよいと思います。**大切なのは明文化することよりも、「何のためにどこを目指して働くのか」という目的意識を共に持つこと**だからです。

行き先の分からない飛行機に乗るのは、誰だって嫌なはずです。それは、意思や自由といった人間の尊厳を奪われた状態だからです。よって、会社も行き先をブラックボックスにさせてはいけないのです。

なお、念のため追記しますが、人を従わせたり管理するために理念という旗を利用して強制・強要させるのとはまったく違う話ですから、ここは間違わないでください。**理念に縛られて働くのではなく、幸せに働くために理念があるのです。**

私は、理念（想い）を共有する真の目的は、人間尊重だと思っています。一人ひとりの力を合わせて目的に向かおうとすることは、個々が自分の存在価値を実感し、自分の意志を持つことにほかならないからです。

道頓堀ホテル（大阪府大阪市）

人を想い、理念を実現させる本気の行動が会社を変える

大阪の繁華街に位置する「道頓堀ホテル」（116室。スタッフ70人、グループ総数140人）は、理念を日々仕事に生かしているホテルです。大阪万博に沸く1970年にビジネスホテルとして開業しました。

90年代に入ると同業他社との価格競争で窮地に陥りますが、今後、中国人観光客が増えるのではないかとの予感を抱き、中国に渡ってホテル修行。それから間もなく、「東アジアの個人観光客に徹底的におもてなしするホテル」という活路を見出しました。必死に物狂いで習得した中国語を活かし、現地の旅行会社と直接やりとりする基盤も整えます。以降、何年にも渡って100%に近い驚きの稼働率を保っています。

ホテルの経営母体「王宮」の経営理念は、「**誠実な商売を通して、心に残る想い出**

物語っています。

づくり」。これこそが最も重要な同社のインフラであり、次の出来事はその盤石さを物語っています。

道頓堀ホテルはある時、４０００万円の巨額を投じて屋外にバリアフリーの避難ハシゴを新設しました。消防法上は既存のはしごで十分でしたが、万が一、火事になったとき、足の不自由な人が使えないことは明らかでした。

はしごから儲けは生まれませんし、ほかにも改修費用が必要な箇所はたくさんあります。しかし、理念に記した「誠実な商売」を考えたとき、やるべきことは決まっていました。そしてこの判断は、**経営者にとっても、社員にとっても、理念に向かう覚悟を確認する貴重な体験**となりました。

祖父、父から経営を継いだ三代目はふたりの兄弟で、兄の橋本正権さんが社長を、弟の明元さんが専務を務めます。先の、中国修行をしたのは明元さんです。習得した語学力を活かし、中国・台湾など現地の旅行会社と直接、取引することで、マージンを抑え、その分を自社、現地旅行会社、そして個人客の適正な旅行代金として還元しています。彼らの成功は、ターゲット変更という戦略だけがもたらしたのではありません。**人への想いと本気の行動が、社員、旅行会社、顧客の心を動かした**結果なのです。

損か得かではなく、正しいか正しくないか

理念のもう半分、「心に残る想い出づくり」も日々、実践されています。月曜〜金曜日の平日は毎日日替わりで、着物体験、食文化体験など、日本文化の無料体験イベントがロビーで行われ、そのロビーに施される季節の装飾は、費用からデザインまで社員に権限が委ねられています。

この日替わりイベント以上に人気を博しているのは、毎晩、ロビーでふるまわれるホテル特製のラーメンで、これも無料です。海外観光客は連泊することから、醤油、豚骨、味噌など、曜日で味付けを変える力の入れようです。私が訪れた日は軽く50人はいたでしょうか。ロビーに大行列ができていました。

道頓堀ホテルでは、これらのイベントのように、「みんなに」同じ想い出を提供するサービスもあれば、「あなたにだけ」行なうおもてなしもあります。

ある日、台湾の年配客からこんな問い合わせが入りました。「私は週に3回の人工

透析が必要です。しかし、死ぬ前に一度でいいから日本に行ってみたい。台湾の旅行会社に問い合わせたところ、うちでは役に立てないが、大阪の道頓堀ホテルなら対応してくれるかもしれないと言われました。検討してもらえないでしょうか」。

さあ、自分だったらどうしますか。万が一のことがあったら…と、リスクを真っ先に考えて断るでしょうか。

道頓堀ホテルのスタッフが取った行動は次のようなものでした。まず、本人に詳しい病状を確認し、その後に近くの病院に問い合わせ、通訳を付けてくれるなら受け入れますという約束を取り付けます。それを本人に伝え、来日の日を迎えたのです。

担当スタッフは、その宿泊客のために特別な勤務シフトを組み、人工透析の送り迎えと通訳を担いました。夢が叶った顧客が喜んだのは言うまでもありません。これはまさに、理念である「誠実な商売を通して、心に残る想い出づくり」の具現化でした。

明元さんは語ります。「ホテルはリピート産業ですから、通常、こうしたお客さまははじかれてしまいます。実際、このお客さまはリピートされていません。しかし、心に残る想い出づくりを大事にしていますから、受け入れるのは当然なんです」

ちなみに、明元さんはこの件を事後報告で聞きました。聞いた瞬間はつい、「何かあったらどうするんだ」と思ったと言いますが、「いやそうではない。逐一、リーダーに相談しなくても、理念通りの行動を社員が取ったこと自体が素晴らしいんだ」と、思い直したそうです。

「損か得かではなく、正しいか正しくないか。これが、うちが目指す誠実な商売の価値基準です。リスクを避けるよりも大切なのは、目の前にあるできることをすること。もし本当に何かあったら、リーダーである自分が責任を取ります」

幸せになるには、理念と社風と勉強が必要

道頓堀ホテル最大の財産は、目的意識を持って働く人財ですが、以前は、「これをやってみよう」と提案しても、「聞いたことがない」、「無理に決まっている」と、取りつく島がありませんでした。働く人に当事者意識やおもてなしの心がなければ、顧客の評価は望めません。「ビジネスは戦略だけではなく、理念の共有とそれに基づく社風が大事だ」と、痛感したのでした。

そこで明元さんは、想いを共有するために毎月の「社内勉強会」を始めます。パートを含めた全部署の全スタッフがいずれかに参加できるよう、同じ内容を月5回。目的や価値観を自社や他社の事例をもとに考え、話し合い、発表する90分です。

100回を超えた今、勉強会はすっかり定着しましたが、スタート時は「勉強だけは勘弁してください」と、懇願に来るベテランスタッフもいました。

新しいこと、しかも直接、売り上げに結びつかないことに対しては、やらない理由は枚挙に暇《いとま》がありません。道頓堀ホテルに限ったことではなく、どの会社でも同様の反発が起こります。反対勢力に抗えず、中止してしまう会社も私はたくさん見てきました。

しかし、明元さんは譲りませんでした。「**幸せになるには、理念と社風、そして勉強が必要だというのが私たちの考えです。**みんなで**勉強する会社にしたいんです。私にはその力がないから助けてほしい。必ず幸せになるから、一緒に学びましょう**」と。

実は一番、大変なのはリーダーである明元さんです。毎月、勉強会で提出される50〜60人分のレポートに目を通し、赤ペンで細やかに想いを綴って戻すのですから。空欄の多いレポートはなおさら文字で真っ赤に埋めつくすそうです。現在も、朝早く起きたり、出張の移動時間を使ったりと赤ペンを続けているのですが、リーダーが本気で人を想っているかどうかは、こうした地道な行動に表れるものですね。

渋々参加する人もいた勉強会ですが、それが嫌で辞めた人はいませんし、一回また一回と重ねるうちに、部門の壁が低くなり、発言が増え、学ぶ楽しさや意義が理解されていきました。この様子を見て、明元さんは反省したそうです。

「うちの社員には難しいかもしれない、パートさんは無理かもしれないという思いがなかった訳ではありません。でもそれは、人を見下した考えだったと分かりました。**人は誰でも成長したいんです。どんな人も。ちょっと反発されたくらいでそれを奪ってはいけない**と、今は思います。**学ぶ欲求を引き出すのもリーダーの役目**なんです」

勉強だけは勘弁してほしいと言ったベテランスタッフも、今では当たり前のように出席し、分かりやすくまとめられたレポートが届くそうです。学ぶ組織となった道頓堀ホテルでは、経営者のような思慮深い内容を書く新入社員まで現れています。

明元さんはまた、理念に向かうには4つの実感が欠かせないと言います。

意見を聞いてもらっている実感

成長できている実感
会社から大事にされている実感
自分のやっている仕事が役立っている実感

前述のように、人工透析の宿泊客を受け入れようと、スタッフが主体的に行動したのも、日ごろから4つの実感があったからでしょう。

日本の美しい心を、ホテルを通じて世界中に伝えるために

2011年の東日本大震災は、日本中の観光業に大打撃を与えました。観光業は平和産業であることを誰もがかみ締めたのではないでしょうか。翌年に持ち直した道頓堀ホテルも、「自分たちは何の役に立っているのか…」と、肩を落としました。

そんなとき明元さんは、海外で発信された東日本大震災のニュースを目にします。校庭に伸びる蛇行した列が、驚きとともに紹介されていました。すべてを失いながらも、暴動も起こさずに秩序正しく救援物資を受け取る姿が、世界中で賞賛されていた

のです。

「そうだ、自分たちの使命は、道頓堀ホテルを通じて日本の美しい心を世界中の人に伝えることだ」

そう確信した瞬間でした。

創業者である祖父は、中国の貧しい村から口減らしで日本にやってきた苦労人でした。中国人の父と日本人の母を持つ正権さんと明元さんはむかし、よくいじめに遭いました。そうしたルーツを持つふたりだからこそ、「東アジアの観光客を中心に、世界から訪れる観光客と日本の橋渡しがしたい」という想いが人一倍強いのでしょう。

道頓堀ホテルの躍進は、ふたつ目のホテル「ザ・ブリッジホテル」(心斎橋。207室)。3つ目のホテル「逸ノ彩ホテル」(恵美須町駅前。354室)につながりました。誠実な商売を通して、心に残る想い出づくり。この理念をみなで共有し、目的意識を持っておもてなしするホテルは、今日も外国人観光客でにぎわっています。

兵吉屋・はちまんかまど（三重県鳥羽市）

理念を明文化しなくても想いでつながる海女小屋

理念は、人が向かう方向を示す灯であり、それは、行き先を示して自分の意思で歩いてもらうという人間尊重にもなります。また、理念は明文化すること以上に、みなが目的意識を抱くことが大切だとも書きました。

いい会社の中には、理念を明文化せずにいるところも一握り存在します。理念そのものがないのではありません。**心に描くあるべき姿を文字にしないだけで、仕事を通じて想いは共有されているの**です。柔軟なこのスタイルのほうが合う会社もあります。

伊勢志摩で海女《あま》小屋「はちまんかまど」を経営する兵吉屋《ひょうきちや》もそんな会社のひとつ

です。明文化した理念はありませんが、「海女文化を後世につなげる」という思いを、経営者家族と所属する20人の海女たちが共有し、誇りを持って働いています。

はちまんかまどは、鳥羽市相差《おうさつ》町の海沿いに建っています。午前中は現役の海女が使う海女小屋として、昼からは個人やグループ、また100人超の観光客を迎え入れる「観光海女小屋」として活気を呈します。

きらきらと輝く海を目前にした小屋の中では、昔の白い海女着をユニフォームとした現役の海女さんがかまどに座り、海の話などをしながら、獲れたてのアワビ、サザエ、大アサリ、伊勢海老など、季節の魚貝を目の前で焼いてくれます。パチパチという炭火の音と煙。香ばしい匂いが部屋いっぱいに広がります。

海女文化が息づく本場のリアルさとエンターテイメント性によって、今では国内外から年間2万人超もの観光客が訪れる人気スポットとなりました。

ゼロだった観光客が国内外から年間2万人に

3000年もの太古から続く海女文化の中で、はちまんかまどは観光海女小屋というビジネスモデルを2004年に初めて興した先駆者です。

きっかけは、鳥羽市からの要請でした。アメリカから元教師の団体60人が来日する折、海女小屋視察を熱望しているものの、ほとんどの海女小屋に断られて困っているというのです。

それもそのはず、海女小屋は女性が着替える場所ですし、暖を取るかまどさえあれば良いという考えで小さく簡素につくられています。地元住民でさえ、暗黙の了解で近寄らないのですから、まして、外国人を迎え入れる発想にならないのは当然といえば当然でした。

そんな中、唯一、手を挙げたのが兵吉屋でした。経営者の野村一弘・薫夫妻の母、禮子《れいこ》さんは81歳まで海に潜っていた大ベテランの海女。海女文化の継承に危機感を抱くひとりとして、「海女文化と相差町の宣伝になるなら」と快諾しました。海女文化の新しい扉は、禮子さんの鶴の一声によって開かれたのです。

初めてのお客となったアメリカ人客は、リタイアした自分たちよりも年上の海女たちが、体を張り、嬉々として働く姿にさぞかし胸を打たれたのでしょう。彼らの感動は海を渡り、その年だけで704人ものアメリカ人が訪れました。この様子が地元のテレビに取り上げられると、日本人観光客も増えていきました。

一方、海女の未来は明るいとは言えません。最盛期の１９３０年には全国４万人超を数えましたが、近年は２０００人を切ったと言われ、しかも平均年齢は65歳を超えています。明るくないばかりか絶滅を危惧されている状況です。漁業権の壁や、環境問題、また危険であるにも関わらず収入が伴わないことなどから、海女人口の増加は厳しいのです。

それだけに、はちまんかまどの誕生には大きな意義がありました。天候に左右されない陸の仕事を得たことで、一年を通して安定して働けるようになったからです。

さらに、経済面に勝る利益をもたらしました。それは、**海女たちが存在価値を実感できたこと**です。海女さんたちは、いきいきと語ります。「自分が獲ってきたものを、こんなに喜んで食べてもらえるなんて初めて知ったよ」、「一緒に写真、撮ってくださいなんてよく頼まれるよ」、「手紙もうれしいね」。人知れず、冷たい海に潜っていた海女さんたちは、はちまんかまどでは主役として脚光を浴びるのです。

母体の兵吉屋は、さまざまな経営賞を受賞しており、表彰式にはできる限り海女さんが同行します。東京など都市で行われるイベントにも海女さんと参加します。自分たちがどう見られているのか、お客は何を喜びに訪れるのか、文書ではなく感覚で得られる機会が設けられています。

明文化された理念はなくとも、「何のためにやっているのか」という想いをみなが共有している、新しい時代の活気ある海女小屋です。

周りのやる気をそぐリーダー・ワースト3

リーダーは、「あの人はリーダーだ」と、周りに認められてこそ成り立ちますが、最初から優れたリーダーだった人には会ったことがありません。どんな人も紆余曲折の中で、「こうしていこう」、「これはやめよう」と、自分なりのリーダー道を見出していったのです。

また、「こうしていこう」という正道は、数々見受けられるのですが、「これはやめよう」という邪道は3つに絞られるように思います。

52ページの表は、「周りのやる気をそぐリーダーのワースト3」です。今はよきリーダーが、そうではなかった時代の自分を回顧したときの話と、リーダーに対して残念な思いを抱く幾多の社員に出会う中で、「こうではないか」と考えて順位付けしたものです。言ってみれば私の感覚ですが、25年分の蓄積によるものなので、当たらずとも遠からずではないかと踏んでいます。

人間ですから、100%完璧なリーダーになることは不可能だとしても、できるだけよきリーダーに近づくために、これだけはやめておこうという意味で紹介したいと思います。

周りのやる気をそぐ悪しきリーダーとは

下から順にいきましょう。3位は「無関心なリーダー」です。部下の氏名、顔、仕事内容、プロフィールなどを覚えようとしない人がリーダーになっていることが実際にあり、理解に苦しみます。心の機微に無関心なリーダー、提案しても適当な返事しかしないリーダー、仕事に情熱を持たないリーダーなども当てはまります。これらは肩書きだけのリーダーですね。

ただ、顔と名前を覚えないのは論外としても、ごくまれに、部下の主体性を育むためにわざと関心のないふりをする一枚上手のリーダーたちもいます。ですので、一概

周りのやる気をそぐリーダー・ワースト3

1. ずるいリーダー
2. 感情コントロールができないリーダー
3. 無関心なリーダー

に言えないところはあります。

よって、部下は部下なりに上司の想いをくむ感性が必要ですし、リーダーはリーダーで、自分の言動が周りのやる気をそいでいないか、気を配る必要があるでしょう。大切なのは部下の実感のほうだからです。

要するに、自分の業績や評価には関心を持つものの、それ以外のことにはあまり関心のない人がリーダーになると、周りの気分は見事に白けていきます。

周りのやる気をそぐリーダーの2位は、「**感情コントロールができないリーダー**」です。以前、あるドキュメンタリー番組を観ていたら、子どもが「この人は大人だ」と認める条件は、その人が感情をコントロールできるかどうかだと心理学者が語っていましたが、これは大人同士でも同じでしょう。

あからさまに不愉快な顔をしたり、何をするにつけ過度に心配しておろおろしたり、気分屋で感情の浮気沈みが予測不可能なリーダーと付き合うのは疲れますよね。

これが部下なら注意もできますが、上司では手に負えません。こうなると周囲の人たちは、「できるだけ関わらないようにするにはどうすればいいだろう」と、いらぬ頭を使い始めます。このような状態で、「コミュニケーションを高めよう」などとスローガンを打ったところで、効果は期待できないでしょう。

かつて、終身雇用が当たり前だった時代には、定年まで付き合うのが前提ですから、リーダーが感情コントロール不能でも周りがじっと我慢する風潮があったようです。しかし、それは昔むかし。ほとんど通用しなくなった現代は、その意味ではいい時代になったと思います。

もちろん、人間が怒ったり泣いたりするのは自然なことですし、ときには発散も必要です。しかしそれは、自分より弱い立場の人に向けてするものではありません。

基本的には自分の機嫌は自分で取る。これが大人のよきリーダーです。

ずるいリーダーは最も組織をダメにする

さて、栄えある、とは言えない1位は、「**ずるいリーダー**」です。そんな小さなこと、と思われるかもしれませんが、この1位は譲れません。

具体的には、リーダーという権限を使って失敗を人のせいにしたり、部下には報告・連絡・相談のホウレンソウを求めるのに自分からはしなかったり、意見を出してと言いながら、いざ意見を出すとうるさがったり、仕事の手柄を独り占めしたり、出張や交流会などうまみのある仕事を部下に回さなかったり、あなたのためだと言いながら自分のための提案だったり、公私混同の食事を経費で落とすようなことです。まだまだありますが、やめておきましょう。


リーダーは、その背中を穴のあくほど見られています。何もそれくらいいいじゃないか、と言われるような小さなことも、周りはリーダーのずるさを見てしまった失望を案外、忘れないものです。

失った信用を取り戻すのは、大変な時間と労力がかかりますし、二度と取り返せないこともあります。得をしようとするずるさが、かえって損を招いてしまうのですから、損得で考えてもずるいことはしないほうがよいのです。

興味深いことに、2位の感情コントロールができなかったり、3位の関心を持たないリーダーであっても、1位のずるいリーダーでなければ、受け入れられる場合もあります。これはめったにないことですが、有名ないい会社のリーダーに会ってみたら、意外と感情の起伏が激しい人だったり、さほど一人ひとりの社員に心を配らなかったりすることもありました。それでも、共に働く人はにこやかに受け止め、そのリーダーを信頼していたのです。

不思議に思ったものですが、もちろん普段の姿が素晴らしいのでしょうし、ほかの理由としては恐らく、2位と3位はどんな立場の人にも多少は思い当たる節があり、人として平等に持ち得るものとして許容できるからでしょう。

しかし、1位のずるさはダメなのです。なぜなら、これはリーダーという限られた人にしか与えられない特権を利用したもので、平等ではないからです。人は生存本能として不平等を嫌います。仕事がどれほどできようと、ずるさは相殺されないと私は思います。リーダーのずるさは、軽蔑するに十分な理由となるので、こうなると組織運営は難しくなってしまいます。

人は肩書きについていくわけではありません。リーダーが何を言うかだけではなく、どのようなリーダーが言うかが大事なのです。**「周りにしてほしいことを自分から先にする人」**、**「周りが許されないことは自分もしない人」**。人は、こうしたリーダーの声に耳を傾けようとするものではないでしょうか。と、長々、書いておきながら、私も会社勤めのころはたいしたリーダーではなく、ちくちくと胸の痛い話です。

社員を大事にする、その動機が利己だったとしたら

何年も前のこと、講演後にひとりの経営者からこんな質問を受けました。

「私は社員をかなり大事にしているほうだと思います。何年間も会社負担で社員旅行に連れて行っているし、月一回の飲みニケーションではいつも奢っているし、ノー残業デーも設けています。それなのに社員は覇気がなく、私を馬鹿にしているようで言うことを聞いてくれません。そのせいで、ここ数年は業績もよくなくて…」。

さて、どう答えたものでしょうか。このとき何と答えたかは忘れてしまったのですが、ふとした折に、この質問を思い出しては、「なぜだろう」と考えてきました。

あまりに情報が少なく推察するほかありませんが、今考え得るのは次のようなことです。表情や口調から、大人しそうな印象を受けたこの経営者は、いい会社にしようと努力していただろうし、社員を大事にしていたつもりだった。この人なりにがんばっていた。けれども、自分でも気づかない潜在意識では、社員よりも業績が大事だった。ゆえに、旅行や飲み会を設けていたのは社員のモチベーションやチームワークのためというよりも、自分の思い通りに社員を動かすためだった。業績を上げようとすること自体は経営者として悪いことではないけれど、その本心を隠して、社員のためという裏腹な行動にすり替えていたのだとしたら、そこには無意識のずるさがあったのではないか。

一方、社員は社長の本心を無意識に感じ取り、社員旅行や飲みニケーションに参加しながらも、その手には乗らないよという態度に出ていたのではないか——。

あくまでも勝手な憶測ですが、つじつまは合うのです。つまり、リーダーのずるさを組織全体が学習し、応用してしまったということでしょうか。人への想いは、行動があればこそとはいえ、**行動の源泉が利己でありながら利他に見せようとし続けた場合は、心に訴えるものにはならない**のではないのでしょうか。

あるべき自分（理想）と、あるがままの自分（現実）が一致している状態を、心理学用語で自己一致と言うそうです。これになぞらえると、社員のためと言いながら本音は自分のためだったこの経営者は（憶測です）、自己一致していなかったことになります。その人がいくらリーダーであっても、自己一致していない人を信頼するのは難しいことです。

ところで先ほど、ワースト3のくだりで、感情コントロールができず、無関心なリーダーでも、ずるくなければ許される場合があると書きました。こういう人は、良くも悪くも自己一致しているため、周りから見て不自然さがないのでしょう。

不自然でないということは、不快感も受けにくい。ゆえに、「あの人はああいう人だからね」と、素の人柄を受け入れやすいのかもしれません。困った人だけど憎めない。そんな人が周りにいたとしたら、自己一致している可能性が大です。リーダー像としておすすめしたいわけではありませんが。

南三陸ホテル観洋（宮城県南三陸町）

東日本大震災――
人を想い続けるリーダーの覚悟が未来をつくる

よきリーダーは「数字」より「心」を大切にする。１章の最後は、被災地のリーダーに学びましょう。宮城県の美しい志津川湾を一望する「南三陸ホテル観洋」（２４４室）の女将《おかみ》・阿部憲子《のりこ》さんです。

被災後、私が訪ねたのは３カ月経った６月でした。南三陸の町は、３６０度、「壊滅」そのもので、手を合わせる以外になすすべがありませんでした。

ホテル観洋は当時、被災者と工事関係者の総勢６００人を受け入れていましたが、水道はまだ止まったままで、顔を洗うのも、トイレも風呂も、想像を超える不便さを強いられていました。この時代に、川まで洗濯に行っていたのです。

ところが、そんな苦境でもホテルに暗い陰は感じられませんでした。憲子さんと再会し、数時間を過ごしましたが、震災前と変わらない憲子さんの実に明るい笑い声が、ガラス張りの開放的なロビーに幾度も響き渡るのです。

それはまるで、見えない不安の種を消し去る魔法の粉のようでした。

リーダーは暗いときこそ明るく在るのが仕事。

そんな言葉が浮かびました。

震災、その時、リーダーがとった行動とは

2011年3月11日14時46分、これまで経験したことのない大きな揺れの後、憲子さんはすぐに緊急態勢を取りました。館内にいたのは、120人のスタッフと50人のお客。スタッフは直ちに館内10フロアを回り、全員を駐車場に集めました。この間、わずか10分。日頃の訓練が活きました。

南三陸ホテル観洋は町から離れた高台にあります。1階と2階は津波の被害に遭いましたが、頑丈な岩盤に立っているため地震の被害はなく、5階の高さに相当するロビーも無傷でした。しかし、道路と橋が寸断され、しばらくは孤立状態になりました。

憲子さんは、小学生の娘と夫の無事を確認できないまま、陣頭指揮を執りました。**心配で居たたまれない気持ちに支配されるのではなく、信じることを選び、目の前のことに全力を傾けようと決めた**のです。

まず調理場と相談し、いまある在庫で1週間分もたせる献立を作りました。宿泊客と住民を優先するため、ひとつのおにぎりをふたりで分けたスタッフもいます。

幸い、宿泊客からの苦情はなく、むしろ、「また来ますね」と、笑顔で帰ってくれたそうです。

しかしその裏では、千年に一度の未曽有の災害を受け止めきれず、泣き崩れるスタッフもいました。

憲子さんは、従来1回だったミーティングを朝晩2回に増やし、

「心を強く持つこと」
「公平・平等を重んじること」
「助け合いと譲り合いが大切であること」
「また一からがんばりましょう」

と、真剣に伝え続けました。

自身の家族全員の無事が分かったのは４日後のことでした。

そして、まだ何の目途も立たないうちに、「**全員の雇用を守ります**」と宣言しました。

スタッフの安堵はいかばかりだったでしょう。「私たちが観洋を守ります」、「負けずにがんばります」との声が上がりました。憲子さんは、「各部のリーダーにも明るい人が多く、慰められた」と、振り返ります。

多くの被災地で、やむを得ず人を解雇した会社がたくさんありました。これを誰が責められるでしょうか。去る人だけではなく、告知した人も心に深い傷を負いました。会社そのものも数えきれないほどなくなりました。

ホテル観洋は、建物被害は改修できる範囲だったことは幸いでした。けれども見通しが立たない状況で雇用を守ると宣言するのは簡単なこととは思えません。それだけに、人を想うリーダーの覚悟に感じ入るのです。

人を想い続けること、それは未来をつくること

5カ月間、被災者と工事関係者を受け入れていたホテル観洋は、子どもたちのための寺子屋に部屋を開放したり、運動不足を解消するために散歩の時間を設けたり、ボランティアアーティストの受け入れなども積極的に行ないました。

気軽に集まる場も失われた地域の女性たちにとっては、井戸端会議の場所にもなりました。被災施設を巡回する保健所の職員は、「これほど団結しているところは珍しい」と言ったそうです。

入社10年の中堅リーダーは、「女将があんなに強い人とは思わなかった」、「あの明るさに救われた」と語り、「地元愛が芽生えた自分も後に続きたい」と言いました。

震災前は、7割が東北のお客だったホテル観洋には今、関東、関西、九州、ときに海外からも宿泊客が訪れます。

その目的はボランティアや観光だけではありません。ここならではの学びを得るためです。街の再生、仮設住宅、環境復興、備蓄、心のケア、教育、経営など、多様な

ジャンルの生きた学習ができるからです。

同ホテルが独自に毎朝運行している「～震災を風化させないための～ 語り部バス」も人気です。自身も被災者であるホテルスタッフがマイクを持ち、住宅も病院も学校も防災庁舎も、町の8割を失った被災地・南三陸町を巡りながらあの日の想いやこれからの未来を語るもので、何度乗っても胸がいっぱいになります。深い悲しみに暮れながらも、人間のたくましさや温かさ、ときにユーモアに触れ、その底力に心打たれるのです。

これまでに延べ30万人をも案内してきた「語り部バス」は、2017年9月、世界最大級といわれる「ツーリズムEXPOジャパン」が主催する「ジャパン・ツーリズム・アワード」で大賞を受賞しました。憲子さんは受賞のあいさつで、「千年に一度の災害が、千年に一度の学びの場になる」と呼びかけました。

東日本のみならず、全国に点在する被災地に、人を想うリーダーがいます。最悪の中の最善は、**人を想い続けること。それは、未来をつくることなのです。**

2章

よきリーダーは「スピード」より「順番」を大切にする

アンケート「理想的な組織とは？」でわかったこと

取材してきた会社数にはとても及びませんが、コンサルタントとしていくつかの会社改革に携わってきました。私は組織風土改革のサポートが専門なので、短期より長期の目線で、手術よりも漢方のように、リーダーと共に体質改善を目指していきます。

コンサルに取りかかる前は、病院の問診にあたるヒアリングを行ないますが、人間関係の質が著しく低下している場合は、本音を出しやすいように無記名アンケートを行ない、しかも私宛てに個々に郵送してもらいます。

図1はそのアンケートに書かれたキーワードです。「あなたにとって、『こうなればいいいな』と思う、理想的な組織とはどのようなものですか」。これに対する返答をすべて打ち込み、3つ以上、重複する単語を抽出しました。

こうなればいいいなという理想として書かれていたのは、

図1　アンケート「理想的な組織とは?」から抽出したキーワード

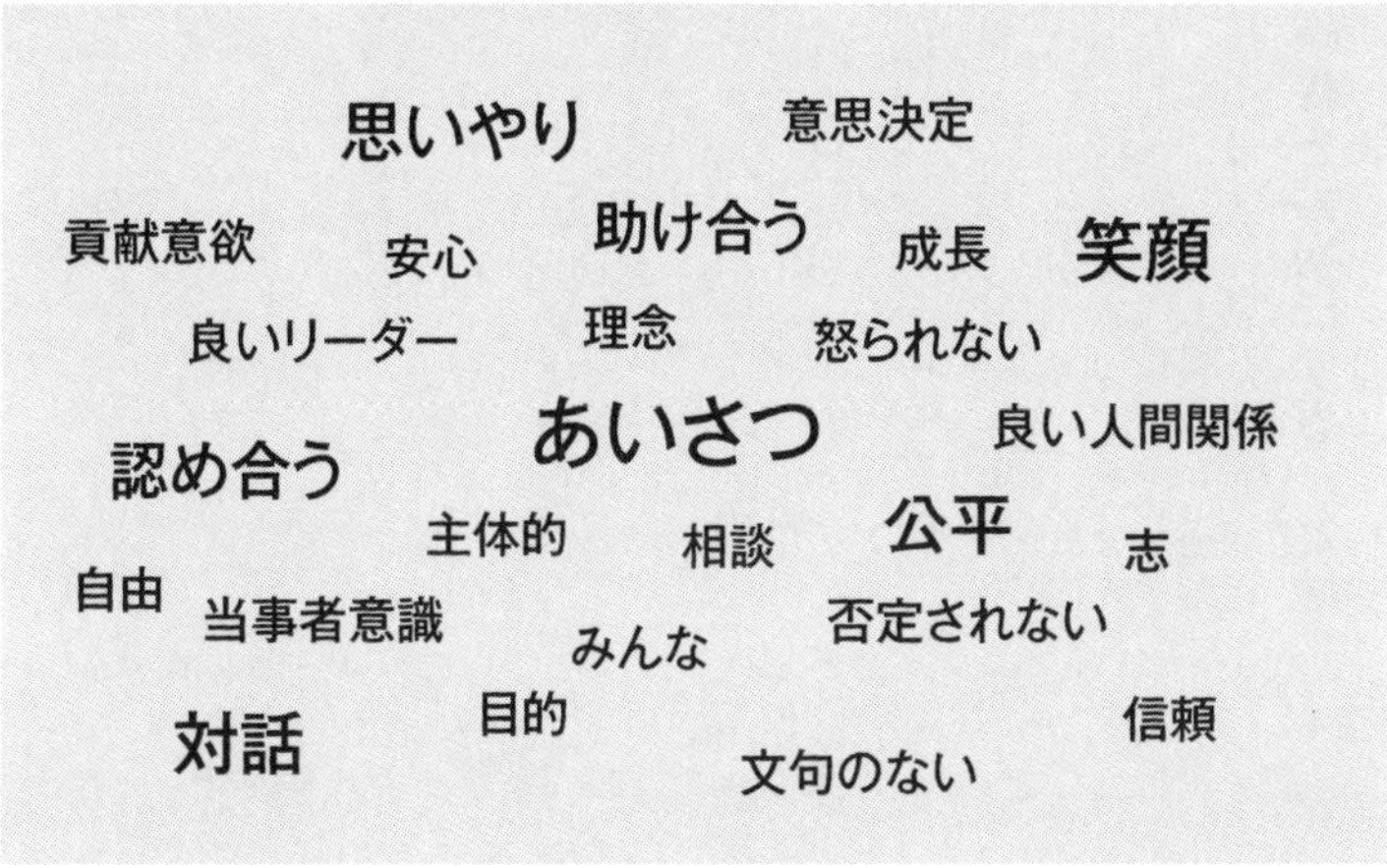

「人間関係がよく話しやすい組織」

「あいさつと笑顔のある明るい組織」

「信頼し合える組織」

「成長できる組織」

「よいリーダーがいる組織」などです。


「休みが取りやすい組織」、「給料の高い組織」といった、量を求める声も出ますが、これまでの経験では、前者のような質を求める声のほうが圧倒的に多くなります。

前述の「やる気をそぐリーダー　ワースト3」を逆にしたような、

「公平な組織」

「感情的に怒られない組織」

「想いを理解し合えている組織」


といった意見も見られます。

ある時、抽出したキーワードをじっと見つめていた私は、「なるほどそういうことか」と気づきました。それは、「**ものごとには順番がある**」ということです。

依頼主であるトップリーダーは、「自分の言っていることが伝わらない」、「やってほしいことをしてもらえない」と嘆き、「社員には指示待ちではなく主体的に動いてほしい」、「積極的に話し合って円滑に働いてほしい」と、希望を語ります。それは当然の願いでしょう。

ところが社員は、図1のような組織になってほしいと願っている。裏を返せば、「今はそうではない」と言っているのです。

具体的には、「何のためにやっているのか目的が分からない」、「尊敬できるよきリーダーがいない」、「人間関係も良くない」、「感情的に怒られることがあって嫌だ」、「成長の実感もない」というわけです。

「順番を大切にする」とは

このような状態の中、果たして人は主体的になれるのでしょうか。いいえ、それは無理だと思います。やはり、ものごとには順番があります。冬が突然、夏になることはないように、種が突然、花を咲かせることはないように、人も、いきなり主体的にはなれません。

まれに、どんな環境下であろうと主体性を持って伸びる人はいます。しかし、組織レベルを超えて成長する人は、自分にふさわしい場を求めて転職していきますから、もとの組織レベルは上がりません。ともすれば後退することもあります。

ですから、社員の突然変異を夢見るのではなく、正しい順番を意識して着実に歩むことが理想に近づく方法なのです。

そこで、図1を自然な順番のイメージ図に加工してみました。それが図2です。

リーダーが一人ひとりに求める主体性は、いわば果実です。果実を手に入れるには、理念、志、目的といった根が大地に張られ、そこから養分を吸って、あいさつや対話の中で幹が育ち、葉が出て花が咲く、この順番しかありません。

図2 いい会社づくりの正しい順番のイメージ

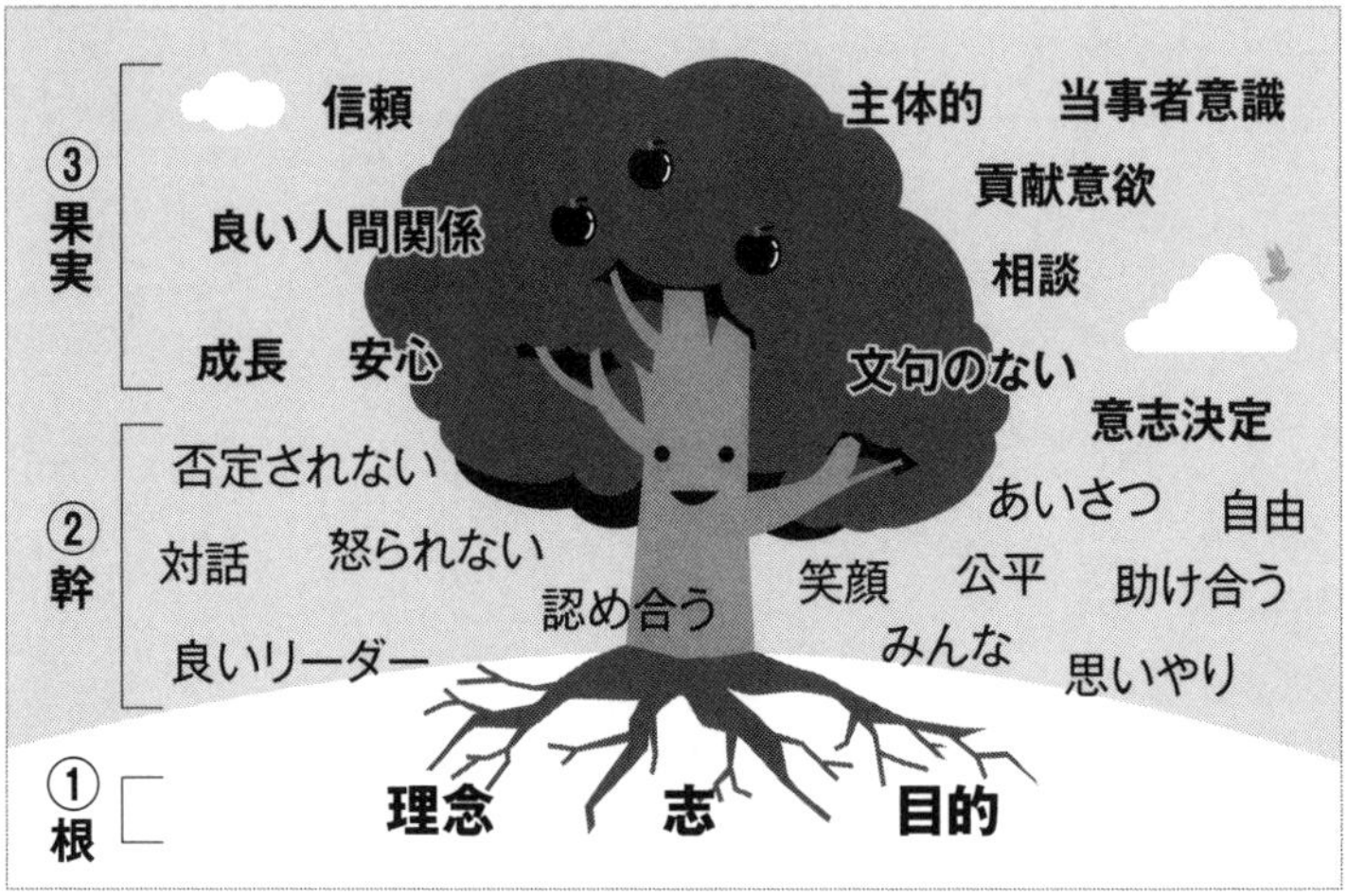

主体性のほか、良い人間関係、貢献意欲、安心や信頼などはみな、①根→②幹→③果実の順番で最後に得られるものでしょう。

一般的な組織の論理は、「給料を払っているんだから主体的にやってほしい」、「仕事なんだから相互に話し合って進めてほしい」というもので、その考えが間違っているとは思いません。

しかし、私たちは例外なく、感情を持つ人間です。給料をもらおうが、仕事だろうが、想いが乗らないまま動き続けることはできないのです。

よってこの現実を受け止め、**主体性や信頼関係などを育むためのプロセスを割**

愛せず、というよりも、このプロセスにこそ力を注ぐべきなのです。

なお、図2では①②③と分けていますが、現実のプロセスでは①根、②幹は同時進行です。あいさつや笑顔もない状況で理念を伝えても、それは鍵の下りた扉を無理やりこじ開けるようなもので、相手は聞く耳を持たないからです。

②の幹に相当するあいさつ、笑顔、認め合い、思いやり、公平感などのある状態が、①の根を支えると言い換えることもできます。

そして、①②を根気強く繰り返した成果として、果実である③の安心感や信頼感と共に主体的な社員が増えたり、良い人間関係が育まれていく。これが自然な順番です。

遠回りに見えても一歩一歩進み続ける

これまで、全国で取材してきたいい会社は、③**という果実を得るために、10年、20年と時間をかけてきています。私の知る限り、半年や1年で本物の果実を得たところはありません。**

猛スピードで物事が移り行く社会にいると、その10年ははるか遠くに感じられるかもしれません。ですが、「急がば回れ」とはよく言ったものです。たくさんの会社を見て思うのは、危険な近道を進んで足を踏み外すよりも、遠回りに見えても確実な本道を行くほうが、かえって早く着くということです。

これは、のろのろと行動することとは違います。むしろ、直感でいいと思ったらスピーディに始めるのです。ただし、一か八かで向こう岸にジャンプするのではなく、地に足を着けた一歩一歩を直ちに歩み始めるのです。その間、小さな喜び、小さな成長の実感が何度も訪れますから、費やす時間は決して虚しいものにはなりません。

例えば、訪問客が「みなさん、あいさつが気持ちいいですね」、「前より会社がきれいになりましたね」、「雰囲気が明るくなりましたね」と、言ってくれたりします。自分たちは足踏みしている感覚でも、外の人が変化に気づいてくれるのです。

さらに歩みが進むと、次の順番として、「こんなことではお客さまに恥ずかしい」、「うちの目指す方向を考えたら、こちらを選択すべきだ」など、意欲的な意見が徐々に増えていきます。

このように、一つひとつの出来事が、「がんばれ、その調子!」と、変革の背中をたびたび押してくれるでしょう。3〜4年で景色が変わったと実感を覚えるリーダーもたくさんいます。10年かかったとしても、振り返ったときの感想はきっと、「あっという間」です。

オオクシ（千葉県千葉市）

考え抜かれた経営の正しい順番で14年間連続で売上高前年比増を達成

「**経営で一番大切なのは順番です**」。そう語るのは、千葉県を中心に理美容室を経営する「オオクシ」（214人。正社員72％）の大串哲史さんです。

150円のカット専門店「カットオンリークラブ」を中心に、ファミリー向け、カラーリング主体など、6業態の美容室を計46店舗、展開しています。

理美容業は全国に36万店あり、これはクリーニング業の3・6倍でコンビニエンスストアの7・2倍。熾烈な戦いが繰り広げられていることは想像に難くありません。
しかし、オオクシは理美容業で最も重視される再来店率が85％にも上り、２００３年から連続で売上高前年比増を更新中です。

大串さんは、小売店に導入されているＰＯＳシステム（販売時点情報管理）をいち早く美容室に取り入れてきました。ヘアスタイルを１２６通りに分類し、どのスタッフが、いつ、どのくらいの時間をかけて、どう施術し、何を売ったか、さらにはスタッフ個々の技術レベル、個別の売上高まで緻密なデータを把握・分析し、すべてを社内で公表しています。

また、トレーニングセンターを構えているので、自らの技術力を数値で客観視しつつ、練習に励むことができます。高い技術を積めば、講師を務めることも可能です。

こうした科学的な経営手法は、理美容業界において画期的だとして、オオクシはさまざまな賞を受けてきました。

しかし、大串さんは次のように語ります。

「ＰＯＳの活用に注目されることが多いのですが、経営の順番としてはずっと後の話です。これを先にやってしまうとスタッフの心を傷つけ、とんでもないことになりますから注意が必要です」。

経営の土台となるフィロソフィーをつくる

大串さんの考える経営の順番は、「**どんな人になればいいのかという土台づくり**」がまずあって、その次に「**どんなことをやればいいのかという具体的な取り組み**」を行ない、その後に「**検証と改善**」を行なうものです。

一番下の土台を支えるのが、『オオクシ・フィロソフィー』です。大串さんが体験や本から学んだ哲学を、上下巻、計360ページにまとめた大作です。

「自分的にはAだけど、フィロソフィー的にはBという場合はBを選んできました。Aを選んでいたらまずかったな、と後で思うことが山ほどあって、僕自身が一番フィロソフィーに助けられています」と、大串さんは言います。

この中に、私も大好きな「ろうそくの話」があります。

〝ろうそくは、誰からも照らされなくても、どんな暗闇でも、自分の身を削りながら周りを照らし、最後まで照らし続けて命を終える。途中で灯を分け与えれば、光はどんどん増えていき、自分がいなくなっても灯は消えない。そんな人生を送ろう〟

毎日の習慣として、各店でフィロソフィー（哲学）をひとつ読み合っています。また、毎年7月の年度初めには全員が感想文を持ち寄り、一冊の文集にまとめて全員に配布します。現時点の気づきのシェアでもあり、毎年の感想文集を読み比べることで、自らの成長や停滞にも気付ける、心の教科書になっています。

変革するには、まずリーダーが変わるところから

大串さんは、29歳で実家の美容室を継ぎ、その手腕で2店、3店と出店していきました。ところが、同時に離職者も増えていきます。経営は、顧客がいないと売り上げが立ちませんが、それ以前に、働く人がいなければ顧客を受け入れることができず、こちらのほうが大問題です。

そこである時、打開策を求めてスタッフに無記名アンケートを採りました。自分や仕事に対する不満を覚悟しましたが、結果は予想外のものでした。

「いい仲間と仲良く働きたい」

「お客さまに喜ばれたい」

「成長を実感したい」

要約すれば、スタッフが望むのはこの3つだったのです。

大串さんは、目を見開かされました。「そうだったのか。技術や規模にばかり目を向けた自分のがんばり方が間違っていたんだ」。

実はこれも順番です。**リーダーである自分がまず変わろうとする。周りの理解はそこからスタートするのです。**

大串さんはすぐに行動を開始しました。顧客アンケートで褒められたスタッフがいればコピーして本人に渡し、全員にも知らせました。また、さまざまな経営賞に応募することで、審査に来た専門家にアドバイスをもらう機会をつくりました。

成功している経営者にも積極的に会いに行きました。中でも一番忘れられないのは、大串さんが吐露する悩みをにこにこと笑顔で聞いた後、次の言葉を残した人です。

「ひとこと言っていいかな。大串くんね、君が埋もれているのは君に能力がないからだよ。本当に優秀な人は埋もれないよ」

ショックを受けながらも、どこか納得する自分がいました。その人は、笑顔を絶やさないばかりか、珈琲が運ばれてきたら「ありがとう」、店を出る際は「おいしかったよ」。一つひとつの所作に心がありました。

「見送った後で、ふたつのことを考えました。『うまくいったから、ああいう人になれたんじゃないか』、もうひとつは、『ああいう人だから、うまくいったんじゃないか』。僕は、後者の順番に賭けることにしました」

このときの経験が、どんな人になればいいのかという最初の土台、『オオクシ・フィロソフィー』の執筆に向かわせました。あらゆる場面のあらゆる判断に用いられ、共通認識となっている同社の哲学です。

近年では、文字を読むのが苦手な若者が増えていることから、フィロソフィーやマニュアルを伝えるオリジナルＤＶＤや漫画を作るプロジェクトも進めています。

今日の売上高と、未来の売上高、どちらに重きを置くのか

土台の次に来るのが、具体的な取り組みです。例を挙げましょう。

オオクシでは以前、毎月10万円の赤字を出す店がありました。長年の経験から、チラシを打てばすぐに黒字化することは分かっていましたが、それはしませんでした。順番が違うからです。

大串さんが考える正しい順番は、赤字の理由をスタッフが真摯に受け止め、あいさつからやり直し、顧客への感謝を再認識し、これまで以上に喜ばれる力を身に付けることです。

「ここまで待てば、あとは上向きが続きます。だったら、1年くらい赤字を垂れ流しても待った方がいい。うちでは経済力のないときから、できるだけこの順番を守り、教育と利益のバランスを取ってきたつもりです」

この例のように、人の成長と業績は切っても切れない相関関係になっていて、時間が経つほど、「どの順番を選んできたか」が顕著に表れてきます。

今日の売上高と未来の売上高のどちらに重きを置くのか。日々の仕事は二者択一の連続で、その結果が今であり、未来です。

オオクシにも評価制度があります。技術力や売上高などの定量面と、掃除をきちんとやるか、周りの話を聞いて取り入れられるかなどの定性面を見ます。

面白いのは、もともと定性面の高い人は、最初は定量面が低いのが特徴だそうです。ところが3年も経つと、定性面の高い層が定量面でも上位を占めるようになります。

一方、定量面は高いものの定性面が低い層は、その後に定性面で上位を占めることはなかったそうです。これは、人としての土台をつくり、次いで具体策を講じ、その上でPOSを活用するオオクシだからこそ得られた貴重なデータです。

「僕らは早くから気づいていたんです。**生産性（定量面）を高めるには、定性面を高める以外に方法はないことを。定性があって、定量が後からくる。やはり、これが正しい順番なんです**」

オオクシ・フィロソフィーを駆使して定性面を育ててきたオオクシ。ここで育ったスタッフは、顧客との対話を大切にします。１５５０円の低価格店でも作業的にならず、顧客がふと口にする「通っている病院で冷たくされて悲しい」とか、「孫が小学校に入学した」といった話に、人として耳を傾けます。

再来店率85％は、「どんな人になればいいのかという土台づくり」が先にあり、その次に「どんなことをやればいいのかという具体的な取り組み」を行なった結果です。

オオクシの給与は、理美容業の平均年収（２６０万円）よりも50万円以上高く、離職率は業界平均の40％をはるかに下回る一桁台です。こうした好成績は、考え抜かれた正しい順番によってもたらされているのです。

改革のスタートはあいさつと掃除から

よきリーダーは順番を大切にしますが、そのリーダーたちも最初から正しい順番に気付いていたわけではないようです。「昔は自分のことしか考えられなかった」、「組織をよくしたいが、何から手を付ければいいのか分からなかった」、「周りがどんどん辞めていく時期は辛かった」などと振り返る人もいますし、倒産の危機や、売り上げのために猛烈に働いて体を壊した体験を語る人も珍しくありません。

実は、よきリーダーのほとんどは、これまでの過程で絶望やそれに近い経験があり、これがターニングポイントだったと語るのです。

それはまるで、〃絶望という名の洗礼〃のように私には思えます。

では、問題を乗り越え、立ち直らせたリーダーたちは、いい会社づくりのために何を最初に行なったのでしょうか。私が取材してきた中で、圧倒的に多かった取り組みは、**あいさつと掃除**です。本業と関係ないように思えるかもしれませんが、目に見えて変化を実感できるあいさつと掃除は、根本から組織を変革する基本のきなのです。

挨拶（あいさつ）という漢字には意味があります。「挨」は押して開く、「拶」は迫る。つまり、相手の心を押し開いて、自分からすっと近づいていくという意味です。実際、明るいあいさつをすると心地よい空気が流れますよね。お互いが認められたことに安堵できるからです。ところが、どちらもあいさつを交わさなかったり、一方のあいさつを一方が無視したりすれば、それは、あなたに関心がない、あなたが嫌いだ、というようなメッセージにすり替わってしまい、いとも簡単に苦々しい空気を生んでしまいます。

子どものころから耳にタコができるほど言われている「あいさつ」ですが、もはや注意されなくなった私たち大人にこそ大事なものなのです。

テレビのニュースを観て思いませんか。犯人の素顔を調査するためにレポーターが近隣住民にマイクを向けると、「あの人はあいさつもしない人でした（だから悪い人に違いない）」、「いつもあいさつをしてくれる人だったのに（だから信じられない）」と、とにかくあいさつを取り上げる人が目立つのです。人はあいさつで評価されているのだな、と思います。

あいさつをしたつもりになって、やる気を奪うリーダー

こんな話もあります。ある会社であいさつの実施状況を調査したところ、「部下とあいさつを交わしている」と、回答した上司は7割を超えていたのに、「上司とあいさつを交わしている」と、回答した部下は3割しかいませんでした。

そこで、双方のギャップを見い出すために行動を観察したところ、すぐに理由が分かりました。部下は上司の顔を見て「おはようございます」と、あいさつしているのに、上司は書類やパソコンの画面を見たまま、「おはよう」とつぶやくように返事をしていたのです。これでは、部下はあいさつされているとは思えませんよね。そう、これは「周りのやる気をそぐワースト3」の3番目、無関心なリーダーです。「**あいさつ**

されたかどうかは相手が決める」。これがあいさつのセオリーです。

ところで、恥ずかしながら白状しますが、私は前職で副編集長というリーダーだったとき、あいさつは後輩からするものだろうと思っていました。とんでもない間違いだと気付いたのは、独立して全国のいい会社を取材するようになってからです。

よきリーダーは立場の上下など関係なく、いやむしろ立場が上になればなるほど、自分の方から感じよくあいさつするよう心がけていました。自ら院長室を出て、出勤してきた職員にあいさつする川越胃腸病院の望月さんはその最たる人です。私は遅ればせながら、取材先のよきリーダーから基本のきを教わり直しました。

よきリーダーたちは、ときおり同じことを口にします。

「**あいさつは会社の品格に比例する**」、「**あいさつは最優先の仕事**」と。

確かにそうです。**あいさつの質は会社の質**。「あいさつこそが見られているんだよ」。肝に銘じておきたい言葉です。

いい会社は99%きれい

あいさつと共に外せないのが掃除です。会社がきれいだからいい会社とは限りませんが、これまでの取材経験から、いい会社は99%きれいだということは言えます。

いい会社にとって、職場環境を整える5S（整理、整頓、清潔、清掃、しつけ）は仕事のひとつといっても過言ではありません。5Sは広く知られているので説明は要らないかもしれませんが、簡単に書いておきましょう。

整理は、必要なものと必要ではないものを分けて、必要のないものを捨てること。

整頓は、必要なものしかない状態で、いつでも誰でも使いやすいように、あるべきものをあるべき場所に置くことです。

3つ目の清掃は、ゴミ、ほこり、汚れなどを取ってぴかぴかの状態にすること。

4つ目の清潔は、整理・整頓・清掃の3Sを維持した状態のことです。

最後のしつけは、この状態を維持できるように文字通りしつけること。チェックシートを毎日付けたり、5Sパトロール隊が社内を巡回したり、方法はさまざまありますが、しつけなどしなくても清潔が維持されることが理想です。

では、なぜ職場がきれいだといいのか？　5Sの必要性を考えていきましょう。

私が思う理由は、次ページの表の通り、10あります。

ひとつは、よく言われるように「**心が磨かれる**」からです。

例えるなら、年末の大掃除が終わって、「ああきれいになった」、「良いことをした」と、すがすがしくなるあの感じ。心が磨かれたのです。きれいな会社は毎日その状態で過ごすわけですから、環境がやる気を支えてくれているのです。

ふたつ目は「**感謝の表れ**」です。

仮に、お世話になっている人に何かを借りたとして、汚くして返すことなどできませんし、もともと汚れていたら、きれいにして返そうとするものではないでしょうか。

会社に対しても同じことです。そこに会社があるから自分の生活が成り立つのです。感謝があるなら、会社を汚いままにしておくことはできないはずです。

3つ目は、「**コミュニケーションを育む**」です。

なぜ職場がきれいだといいのか？	
1	心が磨かれる
2	感謝の表れ
3	コミュニケーションを育む
4	経営センスを育む
5	誇りが持てる
6	安全性の向上
7	効率性の向上
8	品質性の向上
9	信頼性の向上
10	採用時に有利

掃除をみなで行なうと、「この下を掃きたいから動かしてくれる?」、「きれいになったね」など、ちょっとしたコミュニケーションが生まれます。取材先には、物理的な美しさよりもコミュニケーションのために掃除する会社もあります。

4つ目は、**「経営センスを育む」**です。

掃除の過程で、「なぜ、邪魔な場所にゴミ箱が置いてあるんだろう」とか、「誰も使っていないこのパソコンは回収してもらおう」などの気付きが生まれます。処分の決断や許可を取る際の配慮も同時に養われます。**きれいにするという行為は、思考の整理整頓でもあり、決断力、スピード、先見性、意思疎通の力など、経営に欠かせないセンスを育む機会とも言えます、**

5つ目は「**誇りが持てる**」です。

5Sの行き届かない会社で働く人は、入社当時は「汚いな」と思ったはずなのに、いつの間にか感覚が麻痺してしまったのです。しかし、掃除に力を入れると、褒められる機会が増え、意識も高まります。社員の子どもが会社見学に来る「逆参観日」を行なっている会社では、親である社員が「子どもに汚い職場は見せられない」と思うことで、社内美化が進んだ例もあります。埃を取って誇りを得ましょう。

職場を掃除する理由はまだまだあります。

6つ目は安全性の向上です。安全策もなされずに物が積み上げられていたり、注意書きがぼろぼろに破れていたり、避難経路が物で塞がれている会社はありませんか。安全性は思いつく限り高めておかなくてはなりません。5Sを駆使しましょう。

7つ目は「**効率性の向上**」です。

5Sができていれば、モノを探す時間のロスがないので効率性が高まります。仮に、毎日6分間探し物をしている場合、1年間で1440分（3日分）も無駄になります。それならば、整理整頓して余った時間を有給休暇に回したいですよね。

8つ目は「**品質の向上**」です。

職場がきれいなら当然、品質も向上します。埃まみれの現場でつくる製品と、5Sの行き届いた環境でつくる製品では、同じ技術力なら後者の品質が高いことは言うまでもありません。サービス業でも同じです。

9つ目は、「**信頼性の向上**」です。

工場やオフィスがピカピカに磨きあげられていたら、顧客はさすが○○社だと、評価を高めるでしょう。自分がお客だったらどう感じるかと、立場を変えて想像してみればその気持ちが分かると思います。

最後の10個目は、**社員採用の強みにもなる**ということです。これについての説明はいらないでしょう。

大企業の場合は通常、専門の掃除会社に依頼していますから自分たちで掃除する機会は少ないと思いますが、掃除の大切さは分かっていてほしいと思います。

「ブロークンウインドー理論」（割れ窓理論）を知る人も多いでしょう。街中で割れた窓が放置されていると、「ここは誰も関心を払わない場所だ」という暗黙のサインになり、ほかの窓も割られてスラム化していくというものです。

これは、会社の中にも簡単に起きる現象です。しかも、物理的な汚さのみならず、直接かかわりのないことは他人事にするという不毛な学習になり兼ねません。美しいものは美しい場所から生まれます。ただが5S、されど5Sなのです。

西精工（徳島県徳島市）

あいさつと掃除から改革をスタート
正しい順番でいい会社へと成長

「月曜日に会社に来るのが楽しみ」と、社員アンケートで8割以上が答える会社が徳島市にあります。１９２３年創業のナット製造の老舗、西精工（２４６人。正社員率92%）です。株式会社に改組した60年以来、長期にわたって黒字が続きます。

社内には、全社員のいわば宣言書が掲示されています。項目は5つ、「私の幸福感」、「ミッションステートメント（何をもって憶えられたいですか）」、「役割（誰に対してどんなキラキラした役割を発揮できますか）」、「信条（10カ条）」、「死ぬまでにやりたいこと（○歳までに○をする×10個）」。

これらの内容は公私を問いません。見学者は誰でも見ることができ、これを読んでいるだけで、一生懸命に生きている仲間同士であることが感じられます。

西精工は、一人ひとりの人生を輝かせるための舞台であり、各人は各人を応援する大きな家族だと考えられているのです。

人づくり企業として舵を切ったのは98年からでした。その年、後に5代目社長となる西　泰宏さんが、就職先の東京から戻ってきました。最初に感じたのは、暗さだったと言います。

現在の西精工からは想像もつきませんが、当時はあいさつもなく、笑顔もなく、工場は汚く、床には自分たちがつくった部品がたくさん落ちていたそうです。東京の広告代理店で10年間、やりがいを持って働いてきた西さんは、「西精工のみんなにも仕事の喜びや誇りを感じてほしい」と思いました。

最初に起こした行動は、そう、あいさつと掃除です。「なぜやらないのか」でも「やってください」でもなく、西さんは自ら掃除用具を調達し、毎朝6時に出社して工場の掃除を始めました。

「油まみれのプラスチックの箱から手を付けました。掃除してもすぐ汚れるのに、何の意味があるんだと思った人もいたようですが、製品を入れる箱が汚れていてはいけないし、扱う人のユニフォームも汚れてしまいますからね」

その姿を見た工場の社員たちは、少しずつ手伝うようになり、やがて工場全体で掃除を行なうようになると、受注の増加と不良率の減少という、数値化された結果に結び付きました。きれいな場が、顧客からの信頼と自分たちの誇りを生んだのです。

たったひとりから始めた朝の掃除

２００８年、西さんは社長就任に先立ち、社員の幸せや地域貢献などを盛り込んだ新しい経営理念をつくりました。と同時に、工場の掃除を始めたときのように、地域貢献のひとつとして会社周辺の掃除をまたひとりから始めます。

２週目にふたりの社員が加わり、「よし、これで全社に広がるぞ」と期待した西さんでしたが、結局、１年目はそれ以上、増えませんでした。本書にたびたび書いていますが、どんないい会社も最初から素晴らしいことばかりではないのです。

会社周辺の掃除が2年目に入ったところで、西さんは部課長にだけ「そろそろみんなでやらないか」と声をかけました。そして3年目に部課長が一般職にも呼びかけ、ようやく全社に広がり、今ではもう社風になりました。

「大切なのは待つこと。掃除のように価値観とつながっていることは、リーダーがまず姿勢を見せる、この順番が大事だったのかなと思います。今は社内30分・社外30分の計1時間の掃除が毎日の目安です。5分程度、ちょろちょろやっても心は磨かれませんからね。掃除の1時間を捻出するために、仕事の段取りもよくなったと思います」

あいさつの勉強会も実施しました。全員の都合に合わせられるよう、日時を変えて同じ話を10回行ない、「何のためにあいさつするのか」、「あいさつをしたら何が起こるのか」を丁寧に伝えていきました。

「あいさつとは、相手を認めているということ。あいさつすると自分の心がぱっと明るくなるでしょ。暗い気分でもちょっとは上がるよね。しかも、ただだよね。あいさつすることで相手の元気度を測ることもできるよね」

このように、何かを始めるとき、論理は実践と同じくらい大事です。「理屈はいらない。まず動け」という昔の考えも一理あるのかもしれませんが、現実問題として、頭で理解しなければ動かない人が増えています。大事なのは、実践につなげることですから、昔のやり方にこだわる必要はないでしょう。時代に即した受け入れやすい方法を取り入れればいいだけです。

あいさつの徹底を続けていると、こんなことが増えてきました。自販機のジュースを入れ替えにくる人は、「こんなにみんなが、いつもありがとうございますと声をかけてくれる会社はほかにありません」と言ってくれました。石油の運搬でやって来る人は、「ここで働けませんか」と聞きに来ました。その都度、西さんは、「あいさつをしていると、こういうことが起こるんだよ」と、出来事を全員に伝えます。

あいさつと掃除の次に始めたのは、ナット製造の意義を社員に伝えることです。一般的に部品工場は、用途を知らされずにつくることが少なくありません。理由は、依頼主の競合に模倣されるリスクを減らすためや、間に商社が入る場合は、部品工場とメーカーの直接取引を防止するためなどです。

しかし西さんは、社員のやりがいのためにも用途を現場に伝えたいと考えました。そこで、営業と協力して客先の理解を得、「うちのナットはこのように役立っている」、「あの高級車に使われている」と、できる範囲で情報を透明化していきました。

現在は、営業と現場（工場担当者）が連れ立って客先に出向いたり、出張時に顧客から教わった情報を図解入りで説明する『出張報告書要約版』をつくり、社内の誰もが自社と自社製品の役割を感じられるようにしています。

定期的な社内勉強会で人間性を育む

西精工では、リーダーが哲学を語る社内勉強会を10年以上続けており、社員の公私にわたって影響を与えています。それを如実に感じたのは、取材時に嘱託のベテラン社員から聞いた話でした。

その人は、身近な人にありがとうを伝える大切さを、社内勉強会で何度も聞いていましたが、今さら自分はできないと、ずっと避けていました。ところが、周りが次々に「ありがとう」の体験談を発表するものですから、後輩たちがチャレンジしているのに、自分だけが逃げているのはどうなのかと、自ら考えを改めたそうです。

「ありがとう」を言う相手は、長年、連れ添った妻でした。

面と向かってはとても言えないので、「肩を揉んでやるよ」と背後に回る作戦を取りました。そして、「どういう風の吹き回し?」と、訝しがる妻をなだめすかしながら、

「ありがとう。いつもありがとう」と、何度も言葉にしました。

すると、妻は黙り込み、「どうした?」と聞いても返事がありません。怒っているのかなと思い、横に回って顔を覗き込むと、妻は静かに泣いていました。

「あんなに喜んでくれるとは思わなかった」と、ベテラン社員の男性は幸せそうな照れ笑いを浮かべていました。


あいさつと掃除から改革を始めた西精工。業績がいいだけではなく、過去10年間、出産を理由にした離職者がおらず(2017年時点。女性社員44人)、育児休暇取得率、復職率、配偶者出産休暇取得率ともに100%です。いい会社になるということは、**いい社員がいるということであり、社員が公私ともに豊かになるということなのです。**

そのために人間性を高めるべく、根、茎、葉、花、実と、正しい順番で組織づくりをしてきたのです。

顧客満足の向上に成功する会社、失敗する会社

次ページの図は、会社が顧客満足（ＣＳ）を高めるための対策に失敗したときの流れと、成功したときの流れをそれぞれモデル化したものです。

ある会社が倒産した理由を探った拙著『顧客満足の失敗学』（同友館）で発表した図ですが、これも順番の話ですので本書では改訂した図を取り上げたいと思います。

ご覧のように、失敗と成功はスタートからして順番が異なっています。

成功フローは、まず全員で「何のためにＣＳを強化するのか」と目的を共有するのに対し、失敗フローは、幹部だけで計画を決めてしまいます。実際に対応するのは現場の社員なのに、彼らに目的を伝えることなく、「やることになったから」という感じでいきなり始まるのです。

CS 対策の失敗フロー

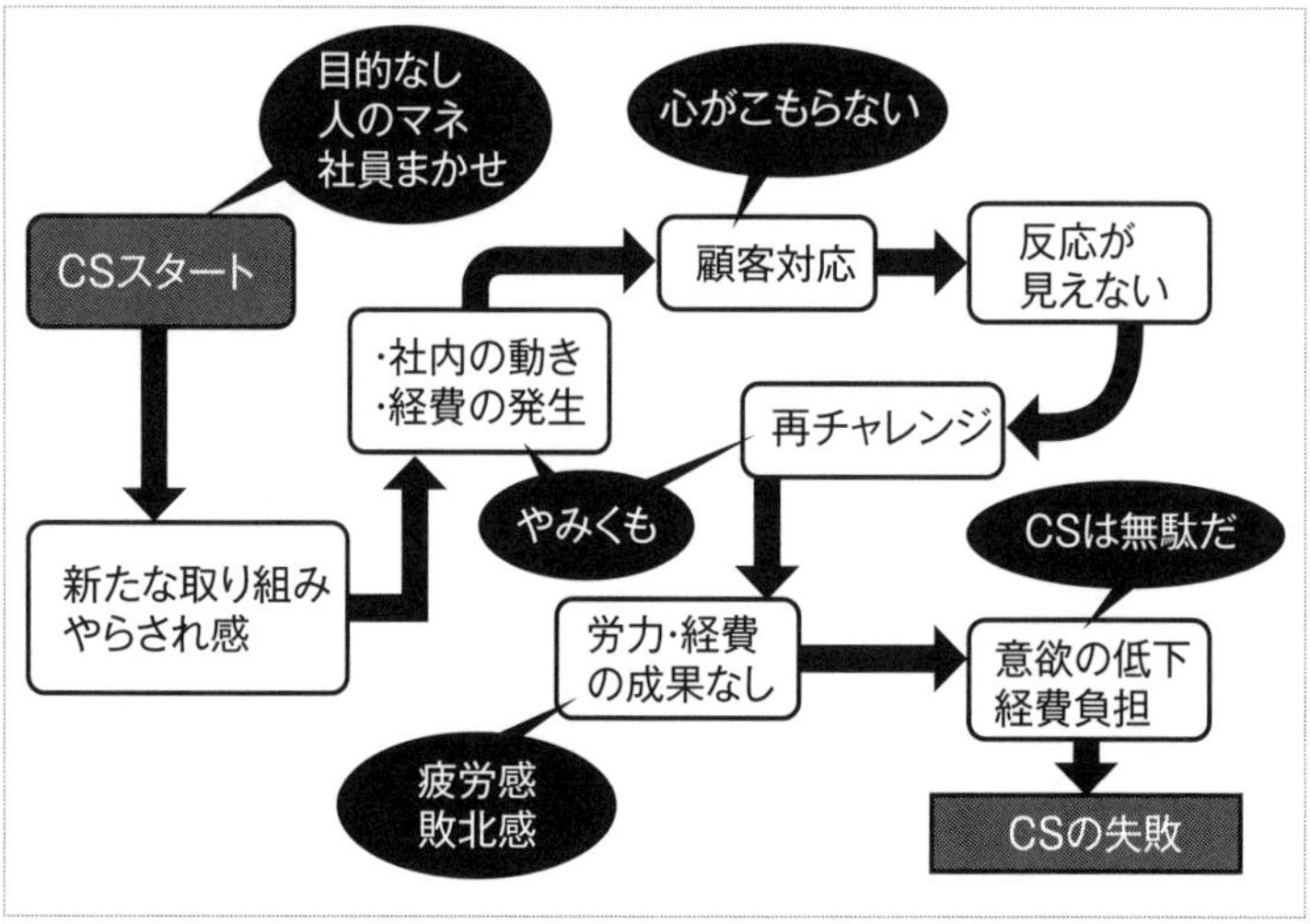

このまま失敗フローを見ていきましょう。会社の方針ならば仕方ないということで、現場はやらされ感を抱いたまま動き始めます。ＣＳ委員会を発足したり、キャンペーンやイベントなどを考えて顧客対応するのです。ただ、想いがこもっていないので顧客の心には届かず、社内には努力と時間が無駄になった徒労感が残ります。

しかし、せっかく始めたことなので、もう一度くらいはチャレンジします。ですが、やはり情熱が欠けていますから結果は同じことで、「これでは何の意味もない」、「ＣＳ対策は無駄だ」、という結論に終わるのです。

CS対策の成功フロー

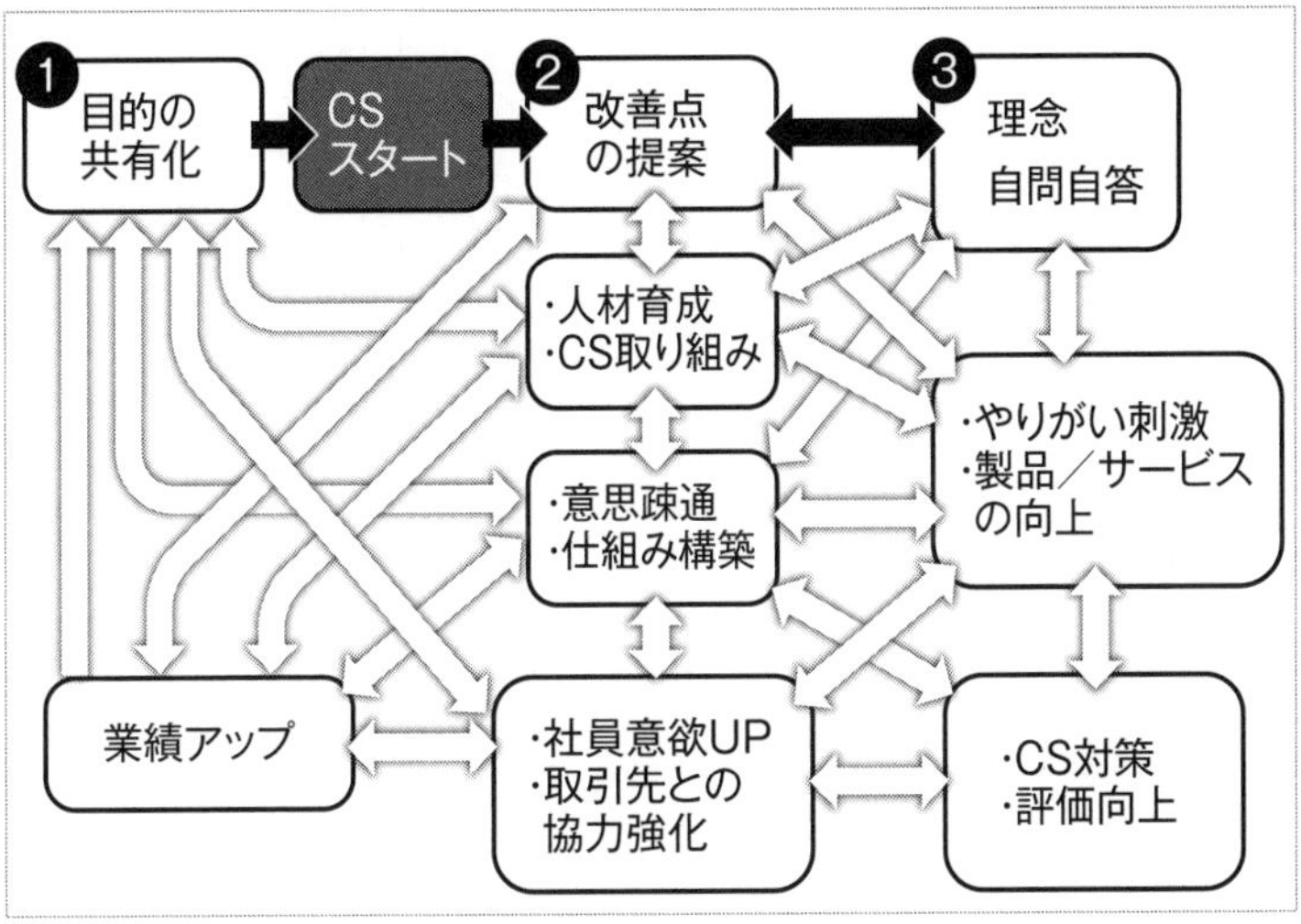

次に、成功フローを見てみましょう。

肝心なのは始めの①②③です。

会社のプロジェクトは誕生日のお祝いではないので、突然何かが始まるサプライズは困ります。誰も驚かせることなく最初からオープンにして、いまなぜCS対策を強化するのか、何をもって成功と位置付けるかなど、あらかじめ話し合い、目的を共有しておきます。その上で、CS対策をスタートさせ、必要ならば②「改善点の提案」を募ります。

この①と②の順番は最も肝心です。

改善点を出すということは、ともすればそれに携わっている人を責めるような側面があるため、なかなか本意が出ないのです。

しかしこれでは、お客さまの喜びを自分たちの喜びにするというCS対策の根本にはたどり着けません。ですので、先に目的を共有するのです。その中で、「問題を人のせいにせず、仕事のプロセスに置く」ことも明確にし、その上で、改善案を呼び掛けるのが正しい順番です。


ポイントの3つ目は、理念の振り返りです。改善案を考えるプロセスは、自社はそもそも何のために在るのか、お客さまはどのような存在か、今後どのような関係性でありたいのかなど、理念を振り返る機会にもなります。

ここでリーダーが自問自答し、自らの胸に手を当ててものごとを考えるようになると、それを見ている周りの人は「本気だな」と感じ、タイムラグはあるものの、よりよい製品やサービスへと反映されていくようになります。ここまでくると、あとは流れやすくなります。

なお、矢印で埋めつくされている成功フロー図は、既に成功した状態を表したものですので、どれも切り離せず、すべてが連帯してひとつになっています。

あなたの「本気度」はどれだけですか

時間の流れや季節の移り変わりなど、自然界には決まった順番があります。そして、自然界で生きる私たち人間にも、あるべき順番があり、オオクシや西精工のようによきリーダーは経営の順番を尊重しています。

本章の最後は「本気」の話で終わりたいと思います。

正しい順番を守ろうとするとき、試されるのが本気度です。

なにしろ、果実を得るまでには年月がかかりますから、初心を貫けるかどうかにかかってくるのです。では、本気とはどのようなことか。私は5つの項目で示せるのではないかと思っています。

本気とは、それを最優先すること
本気とは、それを続けること
本気とは、叶った先の未来が見えること
本気とは、周りにもそれが伝わること
本気とは、忙しさとは関係がないこと

最も重要なのは、ひとつ目の**それを最優先すること**です。

例えば、製品の短納期化を進めようとしているリーダーが、三度の飯より好きなゴルフを断って、工程分析や他社見学などに当てていたら、それは本気ですよね。

あるいは、部署のコミュニケーションを円滑化させたいとしているリーダーが、本来は人見知りなのに、たどたどしいながらも勇気を出して自分から声をかけるようになったとしたら、それも本気ゆえのことでしょう。１日24時間しかない時間をどう使っているのか、何を一番に持ってくるのか、本気度はそこに現れます。

ふたつ目は、とにかく**それを続けること**です。

願いが叶うのは1年後なのか10年後なのか分かりませんが、続けることとです。

世の中には諦めが肝心なことも確かにありますが、堂々と諦めるためにも、ある程度続けてみることです。

3つ目は、**続けた先の未来が、始めから、あるいは途中からあたかも叶ったかのように見えてくるということ**です。見えるという感覚が強くなれば強いほど、叶うのは時間の問題かもしれません。

4つ目は、人知れず取り組んでいることでも、**本気ならば自然と周りに伝わっていくということ**です。前述した、「自分たちは足踏みしている感覚でも、訪問客のほうが変化に気付いてくれる」ようなことが起こってきます。なお、誰かに本気の想いを伝えるならば、照れたり自分でちゃかしたりせずに、真心を込めて言いましょう。

そして、一番間違えやすいのは5つ目。**忙しさと本気さを混同してしまうことです。**例えば、西へ東へ出張で飛び回っていると、いい会社づくりに貢献している気分になってしまうことがありますが、忙しいことと、いい会社づくりはさほど関係がありません。その頑張りは何を優先して行なわれているのか、それを続けると組織はどうなるのか、部内のメンバーはどう感じているのか——。少し立ち止まってみると、見えてくるものがありそうです。

3章

よきリーダーは「満足」より「感動」を大切にする

感動を大切にするということ

「最近、何かで感動しましたか?」。

私はときどき、出会う方にこの質問を投げかけるようになりました。以前とは比較にならないほど明らかに、「感動」という言葉を見聞きするようになったからです。

先の質問で断トツに多い反応は、「うーん、そうですね」としばらく考えてから、「そういえばテレビでこんな番組をやっていて…」というものです。テレビの代わりに、ネット、映画、本が挙げられることも多々あります。私もさまざまなメディアで感動ストーリーを見聞きし、移動中の電車内で目頭が熱くなり、慌てて顔を隠したこともあります。感動できることは、それだけで素晴らしいと思います。

ただ、もっと素晴らしいのは、自分自身の人生で感動することではないでしょうか。しかも、人生で最も長い時間を過ごす仕事で感動が得られたら最高です。そして実際、仕事の中に感動がちりばめられている会社は全国に存在します。

都田建設（静岡県浜松市）

顧客と同じ感動を味わい
想いをひとつに家を建てる

静岡県浜松市の都田《みやこだ》町に、感動の涙の数を数える注文住宅の工務店があります。年間１００組を超える施工主が、どこかの場面で社員とともに涙する会社。それが、「都田建設」（47人）です。

同社は、施工主と共に世界でひとつの感動物語をつむごうと、「一本の映画のような家づくり」を経営理念に掲げています。毎週、全社員でバーベキュー（ＢＢＱ）をするユニークな取り組みで知られていますが、これも、一本の映画のような家づくりのためです。

都田建設を私が初めて訪ねたのは２０１２年のことでした。たくさんの笑顔に迎えられて社内に入ると、「感動の涙」を数える表が掲示されてあり、３月29日、４月４日、４月11日…と日付が入っています。頻繁にその機会があることが分かりました。

同社がどれほど評価されているかは、数字にも表れています。施工主やパートナー会社からの顧客紹介数は、業界を圧倒する毎年２３０件以上。しかもこれが５年以上続いています。また、新築着工軒数は先の通り年間１００棟を数え、６年以上、これを下回っていません。

都田建設は、現会長の内山覚さんが１９９６年に創業した会社で、99年に現社長の蓬台浩明さんが一社員として入社しました。その後、もともとチームワークを大切に成長してきた同社は、さらに感動を尊ぶようになりました。

蓬台さんは次のように語ります。

「私が考える経営の本質は、働きながら人格を磨いていくことにあります。それはすなわち、相手目線で考えられる人間力を磨くことです。その力が少しは高まったかなと、実感させてくださるのがお客さまの感動の涙なんです」

相手目線になるとは、タイミング、言葉、まなざし、空気感など一つひとつがその人の気持ちを汲んだものである、という意味です。高価なプレゼントや値引きではなく、**「あなたの気持ちがこのように分かっています」と、感じて表現できること**。その感性が相手の心とつながったとき、感動は生まれるのでしょう。

毎週のＢＢＱで感動の基礎をつくる

都田建設では、人間力を磨く場として勉強会やＢＢＱを取り入れています。毎週木曜日は午前を割いて、いかに生きるかという哲学を学び、その後は屋外に常設したグリル台で1時間のＢＢＱをするのが毎週の決まりです。年間約50回、「同じ釜の飯を食う」体験は、そろそろ５００回になろうとしています。

ＢＢＱは公式行事の位置づけですから、緊急時以外は全員参加です。始めのころは、「お客さまに呼ばれたらどうするのか」と、反論がありましたが、今では、この時間帯に打ち合わせの要望が入った際は、「すみません。その日はＢＢＱなので」と、断るのは当たり前。顧客にも周知の事実ですから、「ああそうでしたね」と、理解してくれるそうですし、顧客をＢＢＱに招待することもあります。

一般的に、新しい取り組みを始めるとき、顧客を引き合いに出されると「欠席はやむを得ない」と、リーダーは折れてしまいます。しかし、蓬台さんは違いました。「お客さまに言われるがままに動くのはプロではありません。スケジュール調整も仕事のうちです。**お客さまと感動を分かち合うためには、まず私たちの想いをひとつにする場が必要であって、当社の場合はそれがＢＢＱなんです**」と、語ります。

これは、絶対的なルールの中にあるからこそ、スポーツ選手が輝くのと似ているのかもしれません。

私はこれまでに3回、ＢＢＱに参加しました。そして、単に楽しいだけではなく、20分で料理し、20分で食べて、20分で片づける1時間の中に、さまざまな学びが集約されていることを感じました。

先ほど例に挙げたスポーツのように、同社のＢＢＱにもルールがあります。例えば、同じメニューにしないこと、毎週ＢＢＱリーダーは持ちまわりで担当すること。「ひとりで食べている人を放っておかない」のもそのひとつです。

実際、私が瞬間的にひとりになったとき、いつでもほかの社員がさっと近づいて話しかけてくれました。この目配り心配りは、普段の顧客対応に活きているに違いありません。

このほか、見学者の出迎えは感じよくできたか、調理や片付けの段取りはよかったか、自分の役割に没頭せず周りに気配りできたかなど、さまざまな配慮が1時間の中に込められています。このＢＢＱは、感動の土台となる「人間力を育む場」でもありました。

さて、ＢＢＱの前に設けられている、午前中の哲学を学ぶ場では、ひとりの社員が真心についてこんな話をしました。

「自分の大好きなおじいさんが、あと1週間しか生きられないという場面を想像してみてください。そして、ほかの家族や親せきじゃなくて、『おまえにお願いしたい』と何か頼まれたら、すべてをかけて、何が何でも喜んでもらおうとするよね。これが、真心なんじゃないかな」

真心は感動の種であり、相手目線に立つということは、相手と向き合う以前に自分

自身との対峙そのものです。自分の時間を削ってまでやる必要があるのかとか、何かあったら面倒くさいとか、やっても喜ばれなかったら自分が傷つくとか、要するに、保身に傾いてしまうと相手目線にはなれません。掴んだ手を自分からは決して離さないという覚悟がいるのだろうと思います。ですから、**感動のあるいい会社を本気でつくろうとするなら、何のために生きるかという哲学が必要となるのです。**

都田建設では、「**どんな瞬間も、お客さまの一生の思い出になる**」と考え、打ち合わせの段階から感動のやりとりが始まります。家の設計と顧客の人生設計を同時にヒアリングしていくプロセスでは、親や自分の家族、周りへの感謝をも振り返ることになります。それらはライフスタイルと切り離せないものと考えるからです。

このとき、表面的な楽しさのために、担当者が不必要な笑いを入れてしまうと、感動の空気にはなりません。軽々しい気持ちではなく、芯のある真心で向き合うかどうかで、顧客は「真剣になっていい場なんだな」と理解し、安心して心から感謝を語ることができます。感動の涙は、それぞれが自分と対峙する真心がもたらすのです。

「家をお引渡しする前日も、1本の電話からすでに式は始まっています。半年以上、つながりを持てたことの喜びや、明日からの新しいつながりに対して、照れることなくしっかり真心を伝えるのです。当日、新しい家の玄関でお会いしたときには、胸がいっぱいでもう言葉はいらないくらいです。本気になることに躊躇する時代ですが、本気が一番カッコいいんだと私たちは思っています」

他人の人生ではなく、自分の人生で感動する

同社は、大工や塗装、解体事業者といった外部パートナーとの感動共有も大切にしています。「みなと想いをひとつに、心で選ばれる会社になりたい」と考えているのです。

以前、現場の周辺住民から、解体事業者の仕事ぶりについてクレームが多発することがありました。そこで、緊急に集まってもらい、改めて都田建設の理念を伝えましたが、心に響いていない様子です。そこで蓬台さんは話題を変え、質問をしました。「みなさんは、自分の仕事をどう思っていますか」。すると、「家を壊す仕事」、「形に

残らない仕事」、「汚い仕事」など、要するに「好きでやっているわけではない」という散々な返答でした。しかし、蓬台さんはそのように思ったことはありませんでした。解体工事は尊い仕事だと思ってきたのです。

「知っていますか。家を建てたおじいさん、おばあさんは、切なくて解体現場に来られないいんですよ。がんばって建てた家、子どもたちの笑い声が壁に染みついている家です。解体前は、大切な人があと数日で死んでしまうくらいの想いなんです。でも、みなさんが埃にまみれながらも、歴史が刻まれた家を丁寧に扱ってくれたら、それで救われるんですよ。決して、ただ壊すだけの汚い仕事じゃありません。解体工事は、思い出を永遠にする仕事です」

以来、クレームは止みました。ひとつの家に携わる全員がチームであり、真心を持つ一人ひとりが感動の担い手なのです。

私が上棟式を見学した際には、次のような場面がありました。集まった近隣住民に餅を投げる前に、司会役の社員が短いスピーチをしたのです。一家の紹介、施工主の人の良さ、さらにはどんな人生を歩いていこうとしているか、そして最後に、「どうか、○○様ご家族を末永くよろしくお願いいたします」と、深く頭を下げました。施工主は、「この人たちとなら、長く楽しく付き合っていけます」と、感激していました。

上棟式の後は、夫婦が手紙を交換するセレモニーです。身内だけの大切な時間なので、部外者の私は席を外しましたが、毎回、涙する場面が見られると聞きました。もちろん強制ではありませんが、行なった人はみな「本当にやってよかった」と語るそうです。

施工主夫妻には、幼稚園に通う子どもがいました。自分の親がお互いに、「ありがとう。幸せです」と、普段は言えない感謝を伝え合い、感極まって涙を流す。そんな愛情あふれる光景を見ることのできた子どもは、どんなに幸運でしょう。その場面は後々、人生の支えになるのではないだろうか、と思いを馳せました。

同社では、人生を語る打ち合わせや設計段階、またこのような上棟式や完成披露式にもいかに生きるかという哲学を取り入れ、心が動く場面をみんなで共有しています。これはまさに、他人の人生ではなく、自分の人生で感動しているといえるでしょう。

「満足」と「感動」の違いとは

長年、私は顧客満足と社員満足を主題に、記事や本を書いたり、講演で話したりしてきました。しかし、自分の伝えたいことは「満足」とは違うのではないか、との疑問も抱いていました。

出版社に勤めていた頃を振り返っても、給料が増えた、有給を消化したという満足感と、取材先でこんなに素晴らしい人に出会えた、苦労して取材した記事が読者に役立ったという感動を、同じ土俵で語るのは違和感があります。

顧客満足、社員満足という言葉は使い勝手がよいのですが、満足というよりも、感動や幸せ、やりがいこそを私は伝えたいのであり、そしてまた、後者のほうがこれからの社会にもっと必要になっていくに違いない、との思いがありました。

表1 「満足」と「感動」の違い（具体化編）

満足	感動（幸せ）
社名ブランドがある	かけがえのない仕事だ
建物が立派だ	自社を誇りに思う
仕事が早く終わった	こんなに成長できている
給与が支払われた	素晴らしい仲間と働ける
賞与が支払われた	お客さまに愛されている
有給を取得できた	ここまで信頼してもらえる
昇進・昇格した	人の役に立てている
福利厚生が手厚い	私は認められている

そんなとき、取材先のよきリーダーは、「満足」と「感動（幸せ）」を区別して考えている人が多いことに気付きました。明確に意識している人もいれば、無意識に区別している人もいますが、いずれにしても一色単にはしていないのです。

いい会社は給料や休みが業界平均よりも多いのですが、それだけで幸せだとは思っておらず、成長の実感や魂が震えるような喜びの体験こそが幸せだと考えています。しかも、**満足よりも感動を大事にすることで、まわりまわって満足の底上げも実現させている**のです。

上の表は職場における満足と感動の例を、次ページの表は満足と感動の特徴を表

表2 「満足」と「感動」の違い（本質編）

満足	感動（幸せ）
本能的欲求	感性
結果	プロセス
比較	比較しない
短い幸せ	長い幸せ
利己的	利他的
外から得られる　など	中から芽生える　など

したものです。なお、「感動」を「幸せ」と解釈してもいいと思います。感動は幸せを呼び、幸せの中には感動があるからです。

さて、満足と感動の違いはよく、「満足は期待通りのもの、感動は期待を超えたもの」と言われますが、図のように双方を整理してみると、必ずしも満足を超えたものが感動だとは言えず、むしろ性質の異なるものであることに気付きます。

私が考える満足は例えば、金銭欲、名誉欲、物欲、食欲などの本能的欲求、あるいは権利が満たされたときに感じるものです。例えば、腹いっぱい食べて満足、昇給して満足、資格が与えられて満足などです。

一方、感動は、万人が有する本能的欲求や権利の確保とは違う次元にあり、個人の魂的なものだったり、成長する過程で身に付けた、感性によってもたらされるものだと思います。

そして、会社の場合は、目指す方向をみんなで合わせていきたいですから、いい会社では会社全体として大切にしたい感性を育む場も設けられているのです。

表1を見ていきましょう。左側の満足には、社名にブランド力があるとか、今日は残業なしで帰れるとか、給与の額や支払い、昇進や昇格、福利厚生が手厚いといった、欲求や権利が入ります。挙げようと思えば、ほかにもたくさん入ります。

右側の感動（幸せ）には、かけがえのない仕事だと思う気持ち、自分自身あるいは組織の成長の実感、素晴らしい仲間と働ける喜びや感謝、愛や信頼を得ている有り難がたさなど、精神的な豊かさが入ります。ほかにも数限りなく、例があるでしょう。比べてみると、満足と感動はこのように性質が異なるものなのです。

先ほどの都田建設では、例えば毎週木曜日の午前中は、哲学を学び、昼はＢＢＱに当てていました。この時間は、仕事の誇り、仲間や顧客への感謝、自身の成長などに改めて気づいたり、想いをさらに掘り下げたりするものとなり、それは感動へとつながっています。

そして、見る人によっては無駄に思えるであろう感動を大切にしてきたからこそ、満足を引き寄せている点が面白いところです。施工主やパートナー会社から、毎年、230件以上の顧客紹介がある事実は、まさしく感動が満足をもたらした象徴と言えるでしょう。


次に、満足と感動の本質的な違いを取り上げた表2を見てください。

満足の特徴は、それが結果であること、状態を明確化できること、何かとの比較であること、満足したその気持ちが長続きしないことなどです。言ってみれば、頭が喜ぶ項目です。

例えば、望んでいた昇進が叶った場合、昇進という結果を得、肩書で状態を明示でき、過去の自分や同僚、あるいは世間一般の昇進スピードなどと比較して満足を覚えます。しかし、日が経てばそれは当たり前のことになり、満足は薄れていきます。

一方、感動の特徴は、プロセスであること、数値やキーワードで明確化できないこと、何ものとも比べない絶対的なものであることなどが挙げられます。こちらは、心が喜ぶ項目と言っていいでしょう。

例えば、あいさつや笑顔と無縁だった後輩が、ようやく周りと打ち解けられ、笑顔を交わせるようになった姿を見たとき、ほかの誰かの笑顔と比べることなく、純粋に喜びが込み上げるのではないでしょうか。後輩が心の殻を破れたことを自分のことのように喜び、その場面は、簡単に色褪せることはないでしょう。

感動が生まれる職場がこれからもっと伸びていく

さらに、満足はひとりで完結することが多いのですが、感動、とりわけ胸がふるえるような大きな感動は、誰かに伝えたくて仕方がなくなるものです。
先ほどの、都田建設の顧客紹介数もそうですし、1章に登場した道頓堀ホテルが、何年にもわたって100％近い稼働率を保っているのも、そこに忘れられない感動があるからです。満足の範囲が「わたし」とすれば、感動は「わたしたち」へと大きく広がっていく力があります。

よきリーダーは、満足よりも感動が職場にあることを大切に考えます。

なぜなら、仕事を通じてよりよい人生を歩んでほしいと思うからです。満足がいらないと言っているのではありません。感動のある会社は、商品やサービスの魅力も増し、結果として業績などの満足も高まる。つまり、感動をより重視することで物心両面が潤う、そんな循環が生まれるのです。

満足に相当する売上高や諸条件ももちろん必要なものです。しかし今後、満足ばかりを追う仕事はいよいよ閉塞感が強まり、生き残りが厳しくなっていくでしょう。人材が集まらなくなったり、人件費のもっと安い国に取って代わられたりしてしまう可能性があります。

近年、ＡＩ（人工知能）を筆頭とする技術革新によって、消えゆく仕事がいくつも発表されたのは記憶に新しいところです。しかし、たとえその流れになったとしても、感動を伴うものであれば、顧客のニーズはなくならないのではないでしょうか。

例えば、車の自動運転が普及すれば、タクシー運転手はいらなくなると言われます。確かに、目的地まで運んでもらうという満足の範疇ならＡＩで事足りるのかもしれません。しかし、体の不自由な人の買い物に店内まで付き添うなど、道中に人間力を活かした優しさや感動があるとき、その仕事は必要とされ続けるでしょう。

よきリーダーは言葉を大切にする

よきリーダーは、「満足」と「感動」のように言葉の意味を理解し、丁寧に用いる人が多いように見受けられます。

言葉の定義が明確なら、リーダーとして目指す方向を示しやすくなり、それが達成できたのか、できなかったのかの検証も行なえます。逆に、定義があいまいだと、目的もあやふやになり、そこに到達したかどうかも分からなくなってしまいます。

同じ日本語を使っていても、仲間が同じイメージで理解しているとは限りません。ですので、大事な言葉ほど、その解釈を伝える必要があります。例えば、理念や行動指針に使われている言葉の意味を全員が説明できますか。意外と盲点ではないかと思います。

身近な例では、「明日までにやってください」と言われたとき、「今日中に仕上げて、明日の朝いちばんで確認してもらおう」と考える人もいれば、「明日中にぎりぎり終わらせればいい」と思う人もいます。「明日まで」の解釈が人によって違うのです。
また、「お客さまを第一に考えよう」というとき、「お客さま」とは、お金を払ってくれる人だけを指すのか、「第一に考える」とは、自社が大損をしてでも顧客ニーズを優先するという意味なのか、これもあいまいです。

「働きがいのある会社にしよう」というときも、働きがいとは何かという共通の解釈が必要でしょう。

これまで、たくさんのよきリーダーにインタビューしてきて思うのは、**感動と満足のどちらも高いいい会社ほど、リーダーの使う言葉が分かりやすい**ということです。できるだけ同じ解釈でみなの理解が進むよう、言葉を大切に扱うこともよきリーダーの要素です。

そこで以降は、具体例として、「目的と目標の違い」、「成長と拡大の違い」、「なぜ顧客は大事なのか」、「おもてなしとサービスの違い」などを取り上げ、言葉の解釈の大切さをとらえていきたいと思います。

「目的」と「目標」の違い

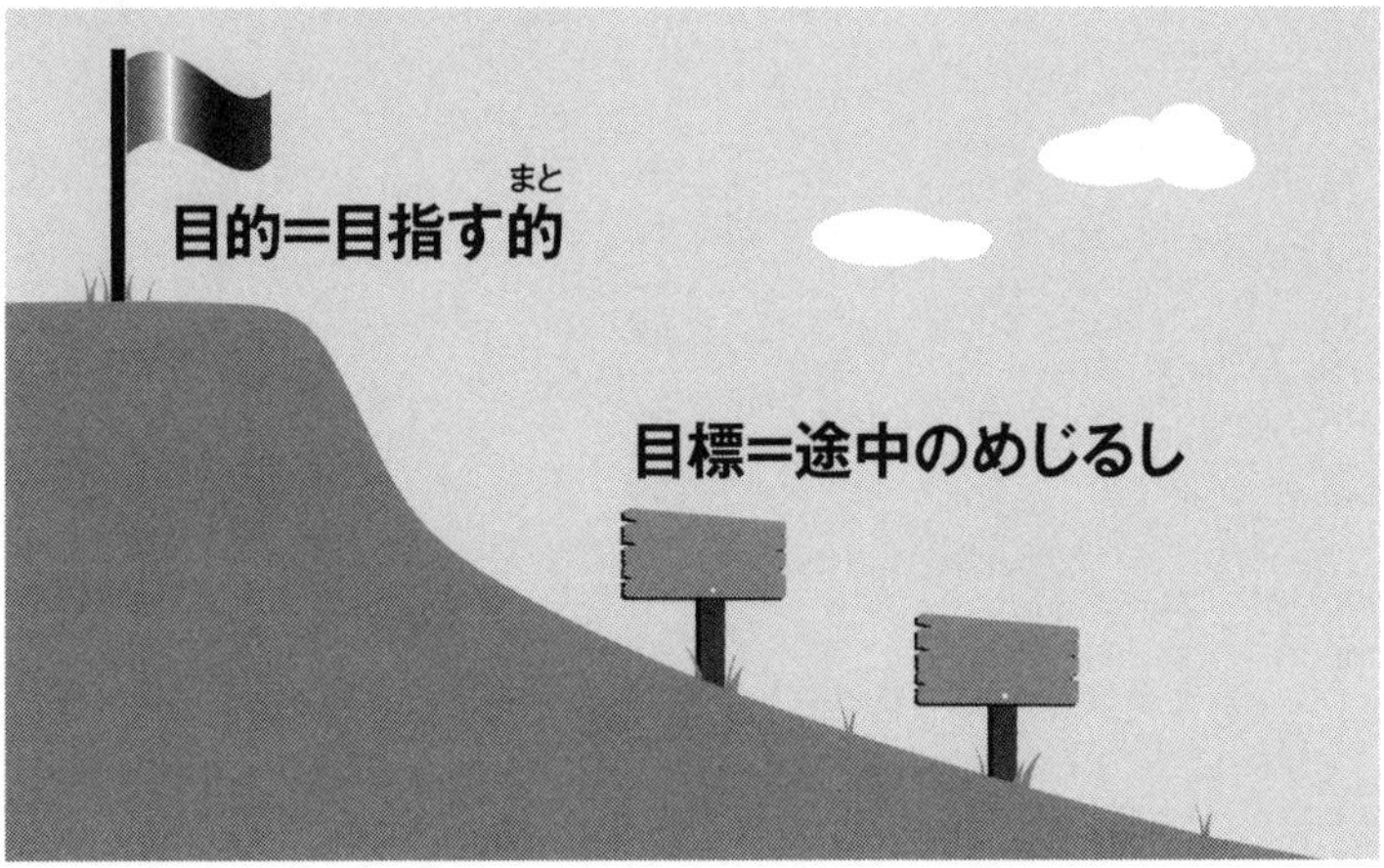

「目的」と「目標」の違いとは

目的と目標は、重要であるにもかかわらず、似た言葉なので混同されやすい代表例ですが、多くのよきリーダーは、ふたつの違いを意識して仕事に当たっています。

上の図のように、**目的は文字通り**「**目指す的**」であり、別の言い方をすれば**方向性のこと**です。例えば、46ページで紹介した海女小屋を運営する兵吉屋では、明文化こそされていませんが、「海女文化を後世に継承する」を目的としています。

経営の場合、目的は壮大ですから、ゴー

ル設定はできてもゴールにたどり着くことはありません。ここが登山との大きな相違点です。経営は、当初の目的に近づいたとしても、高みに登ることでさらにその上が見えてきますから、逃げ水に似て、どんなに歩いても的に追いつくことはないのです。

先の兵吉屋の場合なら、もしも海女が激増して、「海女文化を後世に継承する」ことが可能になったとしても、「もっと安定させるにはどうすればいいだろう」、「もっと幸せな海女生活を送るには何ができるだろう」と考え、歩みを止めることなく、その先へ先へと進み続けるでしょう。

幸い、会社には人間のように寿命がありませんので、たとえ自分の代で叶えられなくても、次世代、次々世代とバトンタッチが可能です。だからこそ、目的をしっかり伝え、文化として残す必要があるのです。

一方、目標は訓読みをすれば簡単に意味が分かります。**ゴールに到達するための「めじるし」のこと**です。

経営の場合は、売上高、原価、利益、客単価、離職率といった数字が入ります。経営は、目的に到達することはありませんが、目標はその都度、達成することが可能です。**肝心なことは、目標は通過点であって、最終ゴールではない**ということです。

以前、講演でこの話をした後、若きトップリーダーがこんなことを打ち明けに来てくれました。「私はずっと、地域ナンバーワンの会社を目指してきました。つまり、一番大きい会社にすることが経営者の仕事だと思ってきたんです。でもそれは、目標であって目的ではないですよね」

そこで私は、「ナンバーワンを目指すのもいいと思いますよ。ただ、一番になって何がしたいのですか」と尋ねました。すると彼は言いました。「それが今の自分には分からない。でも、あるはずです。何のためにやっているのか…。それを見つけます」

一期一会の出会いでしたので、その後、どうなったのかは分かりません。けれども、一度の話で目的と目標の違いをとらえた人ですから、今頃はきっと目的が見つかっているのではないかと思っています。

「成長」と「拡大」の違いとは

成長と拡大もそれほど区別されていませんが、取り上げておきたい言葉です。

辞書では、「成長」は育って大きくなること、もしくは成熟すること、一方、「拡大」

「成長」と「拡大」の違い

成長	拡大
質が高まる（社員のやりがい、人間力、技術品質、おもてなし力など＝幸福感）	量が増える（社員数、支店数や店舗数、受注・集客数など＝満足感）

は広げて大きくすること、もしくは広がることとあり、「大きく」という点は同じです。

しかし、よきリーダーや、あるいは環境問題に携わる人の間では、**成長とは幸福感や品質力など質的向上を伴うものであり、拡大とは規模や業績など量的増加を示すものだ**、と分けて考えられています。

「成長は質、拡大は量」なのですが、この解釈を混乱させる言葉が、日々、メディアを賑わしています。「経済成長」がそれです。経済成長の主旨は、GDPといった量を増やそうという話ですから、実態は「経済拡大」をうたっているのに、成長という言葉を用いているから紛らわしいのです。量が増えること自体を否定する気はありませんが、日本のような経済大国ではもはや、量が増えたからといって自動的に人間が幸せになることはありませんので、勘違いしないようにしましょう。

言うまでもなく、経営成長と経営拡大も違います。よ

きリーダーが目指すのは拡大よりも成長のほうで、感動を大切にしたら満足が増えるような相互作用が、成長と拡大でも起こります。また会社によっては、成長が進むにつれて、これ以上の拡大はもういい、成長だけを追求しようと、あまり拡大しないように極力コントロールしていく場合もあります。

いずれにしても、経済成長といった紛らわしい言葉に惑わされず、私たちは質が伴う本来の成長を目指していきたいものです。

「おもてなし」と「サービス」の違いとは

２０２０年東京オリンピック誘致のキーワードになったことで、老若男女の口に上るようになった「おもてなし」は、これからも使われていく言葉ですし、業種を問わずいい会社づくりに活かせる概念でもあるので、しっかり押さえておきたい言葉です。似た言葉であるサービスと混同されているので、ここでは私が考える相違点を挙げてみたいと思います。

おもてなしの語源は諸説ありますが、代表格は「もってなす」と「表なし」。「もってなす」は、私の解釈では「真心を持って、よりよい人間関係を成す」、「表なし」は文字通り、誰にでも裏表なく接するという意味です。

語源からわかるのは、**おもてなしとは必ずしもお客さまに対するものではなく、社内で働く者同士、取引先に対して、地域社会に対して、上下ではないフラットな人間関係としてさまざま活かせる**ということです。

一方、サービスの語源はラテン語のServitus（奴隷）と言われますが、まさか現代でそう解釈する人はいないでしょう。キリスト教で使われるService（仕える）という説もあります。いずれも、提供する側とされる側に主従関係が発生します。

経済産業省では2012〜2015年まで、おもてなし精神を経営に活かしている優良企業をたたえる「おもてなし経営企業選」というプロジェクトを行ないました。ここで選考委員を務めた私は、素晴らしい企業との出会いを得、量より質を重んじる風が吹いてきたことも実感しました。

本書の中にも、おもてなし経営企業選の選出企業が登場しています。道頓堀ホテル（宿泊業）、西精工（製造業）、兵吉屋（海女小屋）、都田建設（工務店）、石坂産業

「サービス」と「おもてなし」の違い

サービス

- 原則的に金銭が発生する
- 無料の場合もあるが、あとの利益を見込んだ一時的な無料化である
- 提供を受ける側とする側が主従関係
- 万人に同じように行なう
- 内容は提供者があらかじめ決められる
- マニュアル化できる
- 顧客が気付くように行なう
- 効率的
- 情緒がなくても成立する

人間力がなくても成り立つ

おもてなし

- 原則的に金銭が発生しない
- まれに金銭が発生する場合も利益のためではない
- 提供を受ける側とする側が対等
- その人のために行なわれる
- 内容は臨機応変に変わる
- マニュアル化できない
- 顧客に気づかれなくても行なう
- 非効率的
- 情緒的

人間力がないと成り立たない

（産業廃棄物処理業）の5社で、このように選出企業はサービス業ばかりではありません。さまざまな業種でおもてなしの精神が息づいているのです。

では、おもてなしとサービスの違いを見ていきましょう。サービスは原則的に金銭が発生します。「無料サービス」が普及した今日ですが、あれは売り上げや利益を高めるために、呼び水として一時的に無料にするアイデアであって、無料は本意ではありま

せん。
例えば、飲食店が「ビール一杯無料」と掲げるのは、これで入店を促し、2杯目、3杯目のオーダーを期待するからで、一杯で帰られては困ります。また、無料になる飲み物の種類や時間帯は提供者側が決めるのでマニュアル化できて効率的です。そして、たとえ情緒がなくても、携わる人間の作業力があればとりあえず成立します。

一方、おもてなしはどうでしょう。7章に登場する石坂産業を例にすると、応接室で出されるお茶には社員が折った季節の花の折り紙が添えられており、ときには手書きのメッセージや敷地に咲く花がそっと置かれていることもあります。春夏秋冬すべての季節に訪問していますが、毎回、季節ごとに異なる表現で歓迎してくれます。金銭はもちろん発生せず、内容は臨機応変に変わります。

評判の良い旅館の「部屋割り」では、お客が気づかないおもてなしも行われます。足腰の弱っている人ならば、あまり歩かなくて済むようにエレベーター近くの部屋をあてがい、にぎやかな家族連れとふたり連れの部屋はできるだけ離し、仲居と顧客の相性を考えて担当を決めるなど、一組一組の属性や趣味趣向、旅の目的などを考えながら、快適な滞在のために毎日時間をかけて最善の組み合わせを工夫します。このように、顧客はあまり知ることのない陰の計らいもおもてなしならではです。

さらに引き算の心配りもおもてなしには欠かせません。例えば、もてなす側の料理の腕が抜群でも、満腹の人にご馳走を出すのはおもてなしとは言えませんし、出迎えから見送りまでひと時も離れずにもてなされたため、トイレにも行けなかったという話を聞いたこともあります。

つまり、おもてなしには想像力や共感力といった人間力が欠かせないのです。

いくら高級な玉露が出されても、出す人が仏頂面では、うれしくもおいしくもないのです。笑顔や優しさといった人間力がそこになければ、人は「おもてなしを受けた」とは思わないもの。ということは、**働く人の人間力を育む企業だけが、おもてなし企業になれる**と言い換えることができます。

一方、サービスで必要なのは「作業力」です。もちろん、人間力があればいいに決まっていますが、人間力がなくてもサービスはとりあえず成立します。

ちなみに、ホスピタリティで人々を魅了するディズニーランドでさえ、本場アメリカの園内レストランではチップが行き交います。文化ですから何の問題もありませんが、日本のおもてなしは基本的に無償なのです。おもてなしはホスピタリティと訳されますが、暗黙の了解でチップが行き来するホスピタリティと、チップもないのに「あなたのために」と喜んで行なう日本のおもてなしは、厳密には異なるものでしょう。

なお、誤解のないように書き添えておきたいのは、ここで言っているのはおもてなしとサービスの優劣ではなく、目的や性質の違いを解説しているということです。

また、どちらともいえないグレーゾーンも存在します。しかし、ふたつの違いを理解しておけば、話し合いをするときなどに目指す方向が明確になります。おもてなしについて話し合いを始めたのに、いつの間にかサービスの話に着地していた、ということも防げるでしょう。

なぜお客さまは大切なのでしょうか

「なぜお客さまは大切なのか?」。当たり前すぎて、考える機会はあまりないかもしれません。しかし、よきリーダーは自分のほうから「なぜ大切か」を語りかけることが多いのです。これは仕事の根幹ですので、ここで改めて考えていきましょう。

お客さまはなぜ大切なのか。それにはふたつの理由があります。ひとつは、生活の糧をくれるのはお客さま以外に存在しないということです。

世界中どんな仕事も、売上高は客数×客単価で導かれます。顧客数と、その時々の単価をかけた累計が、日の売り上げ、月の売り上げ、年の売り上げとなっていきます。客数と客単価、どちらもお客さまがいればこそのものです。

そして、売り上げから原価が引かれ、残った粗利（総利益）から、給料が支払われ、光熱費、通信費などにも使われていきます。BtoCであれBtoBであれ、毎月の給料はもともとお客さまの財布にあったもの。これが働く人の生活費になっているのですから、お客さまは大切なのです。

とはいえ、私たちはお金のためだけに働いているのではありません。お金は大事に違いありませんが、もうひとつ非常に大切なものがあります。

それは心の喜びです。役に立てた、認められた、成長できた、団結力を感じたなど、私たちは仕事を通じて多くの喜びを得ています。つまり、**お客さまはお金をくれながら、なおかつお金には代えられないかけがえのないものを、同時にくれる存在なのです。**懸命に技術力を高めても、真心のおもてなしやサービスをしたくても、お客さま

お客さまはなぜ大切なのか

がいなければ何も発揮できず、どれほど虚しいでしょう。

「お客さまに失礼があってはいけないよ」とよく言われますが、怒らせると怖いから気を付けるのではありません。本来の意味は、感謝を表そうじゃないか、というものであるはずです。そうした真心の先に、集客や受注があるのではないでしょうか。

なぜお客さまは大切なのか――。すでにお気づきだと思いますが、上図の左側は満足、右は感動と同じなのです。この意味を理解して働くのと、そうでないのとでは、顧客に対する感謝の心や、あともう一歩の努力ができるかなど、細部の質が変わるのではないかと思います。

このテーマは、社内の勉強会にも最適です。胸が震えるような感動ストーリーを持つ人もいると思いますから、心の喜びについては実例を共有する時間を設けるのもいいものです。感動を疑似体験することによって、「今度は自分もあんな風にやってあげよう」と、喜びの連鎖が生まれたりします。

日本は叱咤激励の叱咤を好んできましたが、そろそろいいところをさらに伸ばす激励にシフトしてもいいのではないでしょうか。弱点ばかりを指摘されて、やる気は伸びますか？　小さな光を大きく輝かせれば、暗くじめじめしたところはからりと清潔になるものです。人の心にひっそりと潜んでいる感動ストーリーを語り合い、日差しの中に出してあげてください。そのほうが、よほどやる気と誇りを生むと思います。

それから、「なぜ働く人は大切なのか」も、同じ図で解説できます。**働く人の場合は、「生活の糧をつくる」仲間同士であり、心の喜びも仲間がいてこそ得られます。**

会社で働く人はもちろんのこと、私のようにフリーで働く人間でもひとりで完結する仕事はありません。仕事は、必ず誰か仲間と共に行われます。生活の糧と心の喜び、ふたつを共につくる仲間も、顧客と同様、かけがえのない存在です。

よきリーダーは言葉に責任を持つ

この章では、感動の大切さをきっかけに、満足と感動の違い、そして言葉の大切さについて触れていきました。

これからの時代は、感動に目を向けられるリーダーがますます求められるでしょうし、コミュニケーションを億劫がる人が増えるほどに、コミュニケーションに必要な言葉を正しく分かりやすく伝える力が不可欠になるでしょう。

「**言い損いは聞き手の粗相。聞き損ないは言い手の粗相**」という言葉があります。相手の言っていることが理解できなかったときは、聞き手の自分に問題があったとし、相手が自分の話を理解できなかったときは、言い手の自分に問題があった、とする解釈で、よきリーダーほどこのように考えています。

よきリーダーは、発する言葉に責任を持っています。「仲間は家族のように大切だ」と言うリーダーなら、何かを注意するときはその人の人生ごと考えた言葉を発しますし、「私はこれから毎日掃除をします」と言ったなら、本当に毎日掃除をするのです。

また、同じような意味合いの言葉なら、例えば取り引き相手を、「業者」ではなく「パートナー」と呼んだりします。

つまり、よきリーダーは言霊を大切にしているのだと思います。日本では古くから、言葉には不思議な力が宿るとされてきました。これはスピリチュアルな面だけではなく、そもそも言葉が人の意識を構築しているからでしょう。「業者」ではなく「パートナー」と呼ぶことによって、対等な仲間だという意識を育むことになりますし、「ピンチ」を「チャンス」と言い換えたほうが、起きていることは同じでも気持ちの持ちようが異なるわけです。

言葉の持つ意味と力を、どう解釈してどう伝えるか。それは、どういうリーダーであろうとしているかと密接につながっているのです。

感動の主人公になろう

「最近、何かで感動しましたか?」という質問に、「感動なんて、人生に一度か二度あればいいもんじゃないですか」と、答えた人がいました。恐らくこの人は、結婚式や子どもの誕生など、極めて特別なものだけが感動だと思ってきたのでしょう。

しかし、人生史に残るような大きな出来事だけが感動ではないと思うのです。ごく普通の日常にも、感動はそこここに顔を覗かせています。「よかったら、何か手伝いましょうか」、「○さんのお陰でいい仕事ができます」と、自分の発するひとことが相手にとっての感動になることもあるのです。


ある経営者は、「今日も社員が全員、会社に来てくれた。そして楽しそうに働いている。自分にとってはこれが感動なんです」と、しみじみと語りました。

また他の会社では、ひきこもりを脱して働き始めた社員が、3年をかけてようやく自分の意見を言えるようになった姿に、所属部門だけではなくみんなが感動している、という声を聞きました。


さらに別の会社では、ある若手リーダーがこんな話を聞かせてくれました。

全国を駆け回っている経営者が、自分の親の葬儀に飛行機で駆けつけてくれたと言うのです。翌日は休日だったので、観光地でもある出張先で久しぶりにゆっくりできるはずなのに、一度も会ったことのない親のためにとんぼ返りをしてくれたと。そして墓前で、「素晴らしい息子さんを生み育ててくれてありがとうございます。これからは、わが社が責任を持って生活を守りますから、どうか安心なさってください」、そう手を合わせてくれたのです、と言って、涙をぬぐいました。

私たちの仕事や人生の中には、大小さまざまな感動が潜んでいます。

そして、「わたし」から「わたしたち」への広がりを持つ感動は、チームの心を合わせる大きな力になり、自他ともに認めるいい会社への後押しをしてくれるのです。

感動は、人生に一度や二度どころではなく、何百回、何千回も経験できるものです。

アインシュタインはこんな名言を残しています。

「**感動を忘れた人は、生きていないのと同じである**」と。

4章

よきリーダーは「威厳」より「笑顔」を大切にする

よきリーダーは「にもかかわらず笑う」

日本にあまたあることわざの中でも、「**笑う門には福来る**」は、私たちがとりわけ親しみを持つものではないでしょうか。

いうまでもなく、「いつも笑い声に満ちた家には、おのずと幸福が訪れる」という意味ですが、家というよりも人間に当てはめて使われることが多いですね。また、「笑う」とは、声を出した豪快な笑いだけを指すのではなく、相手から見たときに、「この人は怒っていない」と安心できる小さな微笑みまで含まれると思います。よきリーダーたちも笑顔をたたえており、たくさんの福が訪れています。

ところが、私は数えきれない人に出会ってきた経験から、恐らく世間の二人に一人は笑顔が苦手ではないかと感じています。それぞれに理由があるでしょうから、どうしても自分に合わないなら無理に笑顔をすすめようとは思いません。

けれども、もし楽しくもないのに笑うのは偽善だと考えているのだとしたら、それは違うのではないかと思うのです。その論理だと、朝もっと寝ていたいのに出社するのも偽善なのか、ということになってしまいます。一日一日は、ちょっとがんばった出来事の積み重ねです。百歩譲って、たとえ偽善でも、それで上等ではないでしょうか。最後まで貫けば本物だ、と私は考えています。

いずれにしても、さまざまな場面で先のことわざが使われるのは、「その通りだ」と、考える人が多いからでしょう。

前述のとおり、**いい会社のよきリーダーはにこやかです。ところが実は、「昔は笑顔ではなかった」という人が意外と多いのです。**つまり、もともとの性格から無意識に笑顔になっているのではなく、笑顔でいることの大切さを、人生のどこかの時点で学んだ人たちなのです。

日々の仕事や暮らしには、腹を抱えて笑ったり、にっこり笑顔になったりするようなことはそれほどないかもしれません。しかし、**いいリーダーは、ドイツのことわざのように「にもかかわらず笑う」のです。**この「にもかかわらず」という点がリーダーとして大事なポイントです。

ネッツトヨタ南国（高知県高知市）

笑顔という形をつくって心がつながる

「ネッツトヨタ南国」（高知市）の元社長で現取締役相談役・横田英毅さんも、意識して笑顔にするようにしたリーダーのひとりです。同社は、働きがいの高い会社として知られるカーディーラーで、横田さんを筆頭に、リーダーが率先垂範しないことが大きな特徴です。これについては6章で触れましょう。

さて、横田さんを知る人は、私も含めて、いつも淡々と平常心である印象を持つのではないかと思います。いい会社づくりへの情熱は人一倍あっても、それを前面に出すことはありませんし、何といっても表情が穏やかだからです。

ところが、同社を継いだ1980年ごろはそうではなかったと言います。横田さんはもとから喜怒哀楽の激しい人ではなく、自身は平常心でいることが多かったのですが、周囲はそう見ていませんでした。

ある時、自分の内面とは裏腹に、「何を怒っているんですか」、「どうかされましたか」、「具合でも悪いんですか」と、立て続けに心配されることがありました。このとき横田さんは、「そうか、普通にしているとそう見られてしまうんだな」と、気づいたそうです。そして、早速、鏡に向かって笑顔のトレーニングを始めました。

これに加えて、もうひとり、笑顔のない女性社員がいましたので声をかけ、笑顔ゲームを始めました。「○○さんはあまり笑顔がないよね。私もそうなんですよ。だからゲームをしようか」と。

ルールは簡単です。すれ違ったり、目が合ったりしたときに、先に笑顔になった方が勝ち。褒賞はありません。「私のほうが先だったですねー」と、微笑み合うだけで十分、楽しく、意味があるのです。

1年ほど続けた結果、誰と目が合ってもにっこりできるようになり、「怒っているんですか」と、周りを心配させることもなくなったそうです。

横田さんは言います。

「心があれば笑顔という形が自然に出ると言われますが、笑顔という形をつくること

で、心がつながり合えることもある。どちらが先でもいいんです」

「自分を変えるのは若いほうが柔軟なので有利ですが、『変えよう』という意識があれば、何歳でも変われます」

笑顔ゲームから年を経た今でも、意識して笑顔を心がける横田さん。

「笑顔は親近感になり、また、信頼感の表れにもなる大切なものです」と、語ります。

よきリーダーは、笑顔を性格の範疇に留めず、社会で働く基本のマナーとして、またリーダーの仕事のひとつとして、意識的に取り入れています。

もちろん、自然に笑顔が生まれるならそれに越したことはありませんが、車の運転だって、無意識にハンドルを切れるようになるまでには、意識してぎこちなく動かしていた時期があるでしょう。運転に慣れてからも、狭い道路や急カーブでは、やはり意識してハンドルを操作するはずです。意識して操作したからといって、格好悪いということにはなりません。

横田さんの言う通り、笑顔は親近感や信頼感の表れです。心から生まれる笑顔でも、形から入る笑顔でも、方法はどちらでも構いません。大切なのは行動なのです。

海上自衛隊

危険と隣り合わせの職場だからこそ笑顔を大切にする

以前、知人が勤務していた、ある地方の海上自衛隊を見学させてもらう機会がありました。

日本の海は、海上自衛隊が毎日、飛行機を飛ばして守っているそうで、見学先には航空教育隊という部隊がありました。

この日、飛行機の駐機場にも入れてもらい、興味津々であたりを見回していた私は、教官の顔写真と共に掲げられたスローガン「３Ｓ」に目が釘付けとなりました。

ひとつ目のＳはSpirit（やる気）、３つ目のＳはSafety（安全）。このふたつは納得のキーワードです。

ところが、これらに挟まれたふたつ目のＳがSmiles（笑顔）だったのです。自衛隊で笑顔など見せようものなら逆に怒られそうなのにと、興味をひかれました。

ちょうど近くに教官がいたので疑問を投げかけると、にっこりと微笑んで答えてくれました。

「これは、私たち教官にとってのスローガンで、笑顔は大切だから真ん中に置いているんですよ。もし、私たちが笑顔もない威圧的な態度を取っていたら、操縦を学ぶ自衛官らは萎縮して質問もできないでしょう。これでは、飛行機に乗る本人も国民のみなさんも守ることができません。ですから、まずは教官である自分たちが笑顔で接し、のびのびと学べる環境づくりをしようということで掲げました。笑顔は仕事のひとつです」

危険を顧みない仕事をしている人が、笑顔が大事だと言っているのです。笑顔を気の緩みと考えるのは本当に時代遅れの考えなのだと、再認識したのでした。

笑顔が仕事である理由とは

なぜ笑顔は仕事なのか。念には念を入れて、次ページの図の上から順に解説していきましょう。

ひとつは、**感情コントロールに役立つ**ということです。人間、生きていれば気が沈むことも、怒ることもあり、それ自体は自然なことです。とはいえ、1章のワースト3で述べたように、感情コントロールのできないリーダーは、周りのやる気をそいでしまいます。これは防ぎたいですよね。感情とうまく付き合い、できるだけ平常心を保つことは、リーダーの仕事のひとつです。

これは脳科学的に言われている有名な話ですが、脳が「楽しくない」と認識しているときでも、あえて笑顔をつくってみると、脳は体と整合性を合わせようとして、「自分は楽しいのではないか?」と勘違いし、気持ちが明るくなります。だから、笑顔は自分の感情コントロールにつながるのです。

なぜ笑顔は仕事なのか

感情コントロールに役立つ

▶ ①自分、②場、③品質

自分の話を聞いてもらいやすくなる

話しやすい風土ができる

社内の笑顔が社外にあふれる

人の深層心理に作用する

▶ 人は肯定されたい　（笑顔は肯定のメッセージ）
▶ 人は安心したい（笑顔は人を安心させる）
▶ 人は孤独になりたくない（笑顔は受け入れのメッセージ）

次に、こんな光景を想像してみてください。いま、自分の周りにいる人がみな、うつむいて泣いていたらどうでしょう。自分まで、何となく悲しい気分になるのではないでしょうか。反対に、周りにいる人がみな、優しく微笑んでいたらどうでしょう。自分まで優しい気分になるのではないでしょうか。このように、場をつくっているのは感情なのです。

よって、気持ちのいい場をつくろうと思うなら、自分から微笑みを送ることです。そして、万が一、微笑みが返ってこなくても気にしません。自分で微笑み、自身の感情を守りましょう。
また、感情コントロールは品質の維持や向上にも不可欠です。一流スポーツ選手が技能と心を同等に重視していることからも、それは明らかです。

以前、本場結城紬《ゆうきつむぎ》の手つむぎ糸職人に会ったときも、品質と感情はつながっている、と聞きました。手つむぎ糸は、ふわふわした真綿を親指と人差し指でぎゅっと均等に伸ばし、つばをつけて糸にする日本古来の伝統技術です。

根気と技術のいる仕事で、担うのはほぼ女性。国の重要無形文化財かつユネスコ無形文化遺産でもあります。

さて、この道50年の職人は、「夫婦喧嘩した日は糸をよりません」と、話しました。素人目には分かりませんが、心が波打っていると糸が微妙に細くなったり、太くなったりするからだそうです。「だから、喧嘩をしないように努力していますよ」と、笑っていました。

機械でモノをつくる現場でも、平常心が大事なのは同じです。機械を動かすのも、機械の調子を見抜くのも人間の仕事だからです。サービス業ならなおのこと、人間の感情が仕事の質に直接、影響を与えます。

笑顔はなぜ仕事なのか、ふたつ目の理由は、**自分の話を聞いてもらいやすくなるから**です。

同じ話を聞くのなら、不愉快そうな人よりも、微笑んでいる人のほうがいいと思うのが人の心情です。いつも不機嫌な人ですら、そう思うでしょう。

ところが驚くことに、「笑顔だとなめられる」と、考える人がいます。だから、あえて笑顔にしないのだと言うのです。しかし、それはどうでしょうか。笑顔だからなめられるのではなく、日ごろの言動を総合的に見られた上でのことではないでしょうか。そう考えるほうが、のびしろが生まれると思います。どの世界でも、本当にすごみのある人は笑顔なのですから。

世界共通の笑顔の力

笑顔はなぜ仕事なのか、３つ目の理由は、話しやすい風土ができるからです。普段の仕事において、笑顔もないのに活発に会話が交わされるなどということは起こりにくいですよね。笑顔は何を話してもＯＫという安心感を生むのです。

４つ目は、社内の笑顔が社外にあふれるからです。

笑顔は、人間が自在に出せる光のようなもの。しかも、出せば出すほど増えていく究極のエコエネルギーです。よく、笑顔の人は輝いていると言われますが、まさにそうで、夜になると部屋の光が外にもれるように、組織の中に笑顔という光があれば、外からも輝いて見えます。

よって、大切なのは組織の中に笑顔がたまっているかどうかで、これを私は、「天然温泉の原理」と名付けています。月に1度、旅館の女将さんインタビューに赴くのが私のライフワークなのですが、そこが温泉地の場合、土の奥深くには養分を含んだ水源があり、中にあるから外に出せる、というシンプルなメカニズムがあります。

組織や人も同じで、中にあるエネルギーが外にあふれ、その魅力に人が触れたとき、「また来よう」、「次はみんなと来よう」、「あの人にも教えてあげよう」と、魅力が伝達されていくのです。

ところで、温泉の湧出量は環境によって異なっており、湧出量を超えて外に出そうとすると、枯渇してしまうことがあります。人間が営む組織も、中に笑顔がないのに、外に出せ出せとばかり言っていると、心身を壊してしまいますから、まずは中を潤わせることが先決です。

温泉の湧出量は自然に委ねるほかありませんが、幸い、組織は人間の力でいくらでも湧出量を増やせます。そのエネルギーに欠かせないひとつが笑顔なのです。

笑顔はなぜ仕事なのか、最後の5つ目はなんといっても、**人間は笑顔の人が好きだということ**です。世界中、共通した想いでしょう。

ではなぜ、人は笑顔の人が好きなのかと言えば、人はあまねく肯定されたい生き物だからです。誰だって否定されるのは嫌です。また、誰だって不安になるのは嫌です。誰だって孤独になりたくありません。心からの笑顔は、あなたを肯定しています、あなたはここで安心していいんですよ、あなたは孤独ではありませんと、一瞬で伝えることができるメッセージになるのです。

笑顔とともに大切な2つのこと

笑顔の大切さを力説している私ですが、それに気づいたのは独立後、数年経ったころでした。

ある会場で撮影された自分の講演ＤＶＤを観て、心底、反省したのです。働く人の幸せについて語っているのに、話し手の私は、幸せそうには見えない真顔で90分間も熱弁を振るっていたのでした。気づけば指の隙間から観ていたほどです。

そして、気持ちでは笑っているのに、端からはそう見えないということは、顔の筋肉が上がっていないのだなと思いました。

さらに気付いたのは、笑顔はほんの一瞬では足りなくて、ある程度の時間、キープしていないと、「この人は笑顔だ」と、認識してもらえないということです。

そこで早速、顔の筋肉に笑顔を覚えさせることにしました。お腹を引き締めるために腹筋を鍛えるのと同じ原理です。

よく知られた笑顔トレーニングは、割りばしを横にして上下の歯で噛む方法です。この方法は有効なのですが、やる場所が限られるので、私は道具を使わない「ながらトレーニング」を考えました。

①口をやや大きめの「い」の形にします。②このままだと変な人に思われるので軽く閉じます。③この状態のまま、道を歩く、電車に乗る、仕事をする、読書をする、どんなときもこれをキープします。

習慣になるまでは、トレーニングしていることをいつの間にか忘れてしまうので、思い出しては再開する、を繰り返しました。もちろん、まなざしにも気をかけました。

数カ月が経ったころ、講演後のアンケートに、「笑顔で語りかけてくれたので、すっと言葉が入ってきました」と、書いてくれる方が現れ、以降、同様の意見が続くようになりました。笑顔トレーニングはばかにならないことを実感しました。

笑顔の話にあとふたつ加えたいことがあります。うなずきとあいづちです。

うなずきは、ただそれだけで「私はあなたの話を聞いていています」というメッセージになります。相手がひどく怒っている場合や悲しんでいる場合など、笑顔がふさわしくない場合でも、うなずきは万能です。ところがもったいないことに、活用している人は少ないと感じます。

時折、企業研修でグループディスカッションの光景を動画撮影し、スクリーンで自分たちの姿を鑑賞してもらいますが、「こんな風に見えているんだ…」と、講演DVDを観た私のようにショックを受ける人が大勢います。自分では人の話を興味深く聞いているつもりなのに、まったくうなずいていないので、つまらなそうに聞いている風に見えてしまうのです。

一方、話しているほうは、相手がうなずいてくれないと、自分の話はそんなにつまらないのだろうかと、不安になっていきます。

誤解は、与えないに限ります。小さく、大きく、早く、ゆっくり、多様なうなずきバリエーションを活用しましょう。


もうひとつは、あいづちです。これはお祭りのかけ声のようなもの。一方だけが「わっしょい」と叫び、もう一方は「…」、これではお祭りになりません。こちらも「わっしょい」、あちらも「わっしょい」と、かけ合うからこそ一体感が生まれます。会話では、あいづちがそれに相当します。

はい、いいえ、なるほど、といった短いものから、それでどうなったんですか、さ

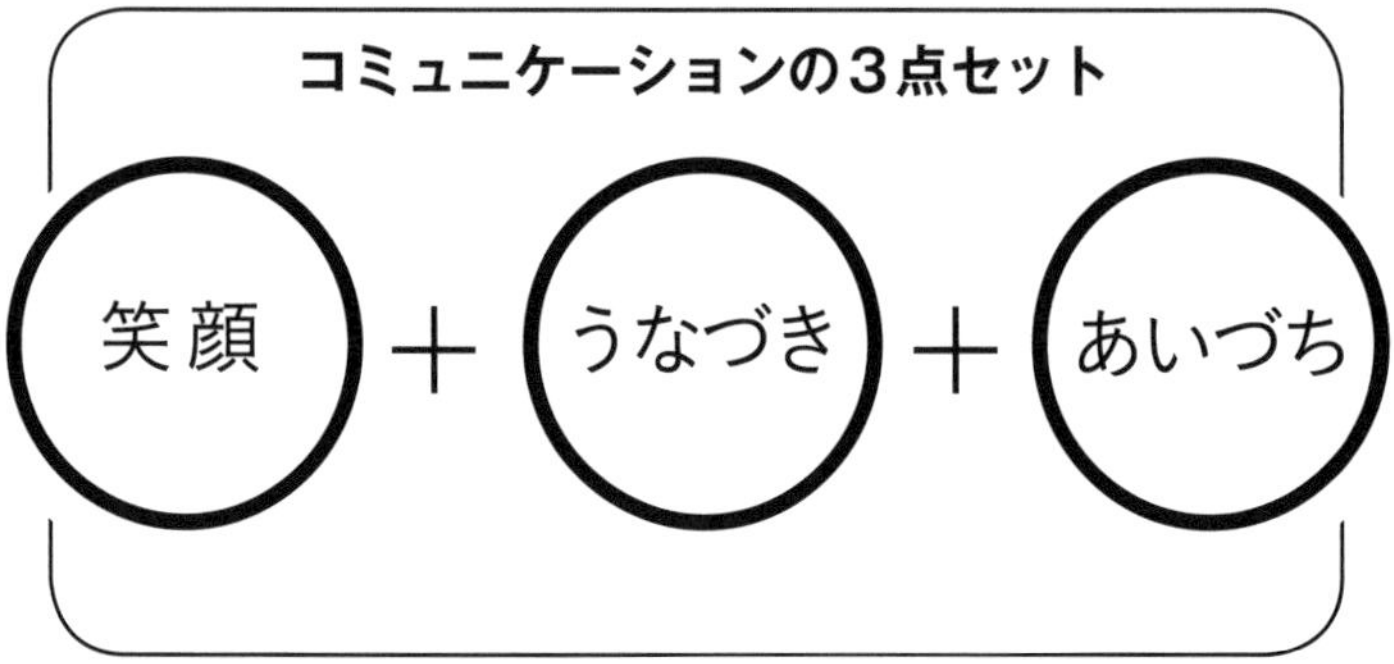

ぞ○○だったでしょうね、など長めのものまで、たくさんのあいづちができると聞き上手に近づけます。

最初から最後まで「なるほど」しか返さなかったら、本当は「なるほど」なんて思っていないでしょう、と相手に疑いを持たせますからどうぞご注意を。

笑顔＋うなずき＋あいづち。この3点セットは一生モノで、仕事はもちろん、プライベートでも大いに活かせます。仮に、家族全員が3点セットをフル活用すれば、相当円満な家庭になるでしょう。

実は、講演でこの話を聞いてくれた年配の男性が早速、実践され、妻との会話が増えましたと、わざわざメールをくれたこともあるのです。

「笑う門には福来る」。古くから使われるこのことわざには、はっきりと順番が記されています。福が来たから笑顔になるのではなく、笑顔だから福を呼び寄せるのだ、と。

5章

よきリーダーは仕事に「感情」を持ち込む

よきリーダーは感情をないものとしない

どうすればコミュニケーションが取れるのか。

このテーマと無縁の人は恐らくいないでしょう。大企業から家族経営まで、いろいろな人が悩んだり、相談をしたり受けたりしているテーマだと思います。その一方、コミュニケーション不足は解消されていると語る会社もあります。

何が違うのだろうと常々思っていましたが、最近、思い当たるものが見つかりました。それは、感情の有無です。つまり、感情を交えないコミュニケーションをいくらしたところで、それはコミュニケーションにはならないということなのです。

そもそもコミュニケーションとは、「社会生活を営む人間の間に行なわれる知覚・感情・思考の伝達」（広辞苑）ですから、感情が抜け落ちていてはコミュニケーションとは言えないわけです。

その観点で取材先のいい会社を見てみると、**いい会社のコミュニケーションが円滑なのは、会話よりも対話を大切にしているから**だと思い当たります。

会話は話を通じて情報をやりとりするもの、対話は話を通じて互いを理解・尊重し合おうとするものです。そのときどう感じたのか、感情を含めて大切にするのが対話だということです。

日本では多くの人が、感情的になるのはよくないという暗黙の了解の中で育ちます。確かに、理性が効かないほど感情をむき出しにするのは人として問題ですし、まして感情コントロールのできないリーダーは困りものです。

しかし、ここが肝心なのですが、**感情的になるのを慎むのはいいとしても、感情をないことにしようと言っているわけではないのです。**どうやらここが**混同されています。感情はあるのです。生きている以上、どんな人にも絶対にある。**

嬉しかった、楽しかったといった、人に言いやすい類のものばかりではなく、不安だった、腹が立ったという言いにくいものもあります。それらすべてを含めて、感情は常に「ある」ものなのです。

よきリーダーたちは、感情はないものではなく、あるものとしてとらえます。仕事だろうと、プライベートだろうと関係なく、ひとりの人間の中に絶え間なく生まれては消えるのを繰り返すのが感情であり、本人の行動はもちろん、周りにも影響を与えています。目には見えませんが、感情には計り知れないパワーがあるのです。

よって、よきリーダーは感情を大切に取り扱います。それによって、人間としての成長を育み、その人間が会社の成長をも育んでいくわけです。

サンクゼール（長野県飯綱町）

感情をオープンにして危機を乗り越え感情を共有して人間性を高める

長野県上水内郡。四方に山々が連なる美しい丘にサンクゼールは位置します。ショップ、レストラン、ガーデン、チャペルなどが点在するリゾートのような場所で、シヨップには自家製のジャム、ワイン、パスタソース、ドレッシング、ソーセージ、ジェラート、ドーナツと多彩な商品が並びます。

私が初めて訪ねた２０１１年時点では、長野県内と大都市に32店舗のサンクゼールが展開されていましたが、その後、日本全国のうまいものセレクトショップ「久世福商店」も新たに展開し、現在は両店合わせて全国に計１１６店舗を数えます。社員数は全国に約７３０人。年商は１００億円になろうとしています。


１９７９年、サンクゼールは創業社長である久世良三さんの妻で、現相談役のまゆみさんが手作りしたジャムから商売がスタートしました。

当時経営していたペンションの宿泊客のために、地元農家から分けてもらった新鮮なりんごで無添加低糖度ジャムをつくったところ、これが大好評。「分けてほしい」という声に追いつかなくなり、ジャム販売に本腰を入れるようになったのです。

久世さんは早速、商売を大きくしようと考えます。大学卒業後、大手スーパーや父が営む外食産業専門商社で働いた経験があり、腕の見せ所だとうずうずしました。

80年代後半からは、このサンクゼールの丘に、本社、ジャム工場、レストラン、ワイン用のぶどう畑、ワイナリー、ショップを次々と建設していきます。これらの施設は今でこそ存分に活かされていますが、91年には資金繰りが悪化し、経営危機に直面したのでした。

次第に変わっていく銀行の態度。久世さんは、経営者としての限界を感じながらも、もはや引き戻ることはできません。次第に心が委縮し、声がかすれ、その後、まったく声の出せない時期が実に1年間も続きました。

眠れぬ夜は、まゆみさんが枕元で聖書を読んでくれました。

久世さんが救われたのは、「強いときのお前も、弱いときのお前も、神からみればどちらも尊く愛すべき人間だ」という言葉です。

さて、声は戻ったものの、とうとうもはやこれまでと、経営を観念する日がやってきました。全社員に集まってもらい、久世さんは差し迫った危機を正直に語り始めます。「ですが、途中で喋れなくなりました。我ながら情けなくて泣いてしまったんです」と、久世さんは当時を思い起こします。

ところが、やるせない感情を抑えきれずに涙する久世さんを、社員は誰も冷笑しませんでした。

「そればかりか、あれ以降、みんなが3倍働いてくれ、会社の立て直しに貢献してくれました。あの日々は、僕の小さなプライドをこっぱみじんに砕き、人の痛みが分かるように成長させてくれました。なんと素晴らしい人たちに囲まれていることか、それを知ったのです」

会社が危機のとき、社員に助けられる会社と、見放される会社があります。サンクゼールが助けられたのは、日ごろから「損得よりも人として正しいこと」を優先し、純粋に夢を描く様を見せてきたことが前提にあり、そのリーダーが泣いて頭を下げる姿に社員は心動かされたのでした。

当時を知る社員に話を聞くと、「あのときは自分も何かしなければと強く思った」、「良三さんにはこれからも夢を語り続けてほしい」と言っていました。

心をオープンにして個人のストーリーを語り合う

まゆみさんの提案で、週1回の夕礼も始まりました。

「人は誰もが何らかの課題、何らかの悩みを抱えている。それを感情とともに開示し、相談し合えたり、学び合えたりする場が大切だ」と、考えたのです。

現在は通常業務のひとつとして、毎週火曜日の午後3時〜5時半の2時間半が当てられています。

夕礼は二部構成です。一部は経営理念の唱和と各部門の業務報告で、いいことも悪いことも包み隠さずオープンに伝えられます。物理的に参加できない全国の店舗には、詳細な議事録が送られ、同じ内容が共有されます。

久世さんはこの場で、創業精神やものづくりへの想い、感情をオープンにする大切さ、素直さや謙虚さを忘れないことについてもたびたび語っています。

かつて倒産寸前に追い込まれ、自分の弱さを思い知らされたこと、誰だって風邪を引くように、うつにもなれば、自信をなくす時もあるということ、そんなときは感情を抑え込まずに弱音を吐いてほしいということ。

また創業当初、長野県の土産物店をジャムの営業で回った際、弱者ゆえに、ぞんざいに扱われて非常に悔しい想いをしたこと。自分の会社が大きくなったときは、仕入先を差別せず、対等な取引をする企業になると心に誓ったことも—。

夕礼の二部は経営理念の勉強会です。久世ファミリーはクリスチャンなので、聖書と事業哲学を切り離すことができません。そのため、聖書のエッセンスを学ぶことになりますが、特定の宗教を強いるものではありません。実際、ほかの役員6人は全員ノンクリスチャンですし、一般社員もそうではない人がほとんどです。

この二部では、例えば聖書を基にしたDVDを観た後、部門も上下も関係なく、グループディスカッションを行ないます。

話し合いの本筋は「どう生きるか」であり、プライベートな話につながりますので、発言する、しないは個人の意思を尊重していますが、家族について進んで語る人が多いそうです。

あるベテランリーダーは、自ら手を挙げて、妹をガンで亡くした後悔を語りました。ガンになった妻の看病を、忙しい自分に代わって献身的にしてくれた妹は、実はガンが進行していたのに、本人も周りも気づくことができなかったのです。幸い、妻は治ったものの、妹を失ったことは後悔してもしきれない。どうか、みんなは身近な人を大切にしてください。そう涙ながらに話してくれたそうです。

多くの会社では、こうした話は特別親しい人の間で非公式になされると思いますが、「サンクゼールにはプライベートな話をしてもおかしくない社風があります」と、ひとりのリーダーは語ります。

「個人的な話をみんなで聞くと、深い共感と一体感を得られます。人として感情移入しますし、自分は何をしてあげられるだろうと本気で考えます。また、心の距離を縮めますから、仕事場が離れていてもまとまれますし、人の陰口もまず聞きません」と。

自らの経験を踏まえ、久世さんは個人的な感情を抑え込んで仕事をさせたくないと考えています。そこで、夕礼以外でも、例えば新人面談の際、こんな風におもんぱかります。

「皆さんのような優秀な人は、がんばりすぎて心が疲れてしまうことがあります。そんなときは自分の殻に閉じこもらず、メンターや総務や我々に相談してください。力になりますから」。そして、「安心してうつになってください」と言って笑わせます。

実際、相談役のまゆみさんと人事課、そして所属長が連携して社員のケアに心を砕き、少しでも気になる人がいれば、本人と長い時間をかけて対話します。ある社員には、1カ月間のリフレッシュ休暇を提案しました。結果、うつを未然に防止でき、すっかり元気になって帰ってきてくれたそうです。

同社は2017年春、米国オレゴン州のフルーツ加工工場（25人）を買収しました。

生産体制の拡充や市場拡大などを見込んでのものですが、同時に工場の経営品質も高めようとしています。幸い、買収先の経営者も社員も敬虔なクリスチャンなので、聖書に基づくサンクゼールの経営理念にすぐ共感してくれたそうです。

それは例えば、「黄金律を大切にすること。相手を尊重し差別をしない広い心で、自分にしてもらいたいことをまず相手にする心を大切にする」という想いです。

工場の元経営者で現副社長は、「本当に素晴らしい理念だ。こういう考えを会社で持てていたら、もっと早くにいい仕事ができていただろう」と、語ったそうです。

そのまま現地工場から引き継いだスタッフのために、日本から経営幹部が列席して経営理念の学びと入社式も行ないました。その後の食事会では、新しく仲間に加わった現地の若者が涙と共に語ったといいます。

「私は家族を支えるために、進学をあきらめてメキシコから移民としてオレゴンに来ました。でも、この工場では働きながら人として大切なことが学べる。それが本当にうれしいです」と。

仕事のために感情を押し殺すのではなく、感情を大切にしながら働くことで人間性を高めていく。そういう会社が、質的にも量的にも伸びていくのではないでしょうか。

弱みを出せる組織はなぜ強いのか

　私たち大人は、子どもが歳を取ったに過ぎません。声をかけてもらってうれしかった、一丸となれて楽しかった、自分だけ教えてもらえずに傷ついた、任されたことができるか不安だったと、喜怒哀楽は何も変わらないのです。大人になっても、されて嬉しいことと、されて嫌なことは同じです。感情は止まることなく動き続けています。ところがなぜか、感情は仕事という公式の場に持ち出してはいけない、という風潮が根強くあり、感情付きの話は仕事の後、非公式の場でするものだ、という考えが常識になっています。

　この「仕事の場では感情を殺さなければならない」という考えが、私にはどうしても奇妙に映ります。**人に感情があるのは極めて自然なことであり、見えないけれど確実にあるものを、ないものとして生きるのは不自然です。**

モノをどんどん作ってどんどん売る。そんな時代には、感情など邪魔なだけだったのかもしれません。ところがいま、人間を人間たらしめる「感情」をないがしろにしてきたツケが、人間関係の希薄さや心の病などに出てきています。

過労死やうつなど、日本社会では仕事の現場で不幸になる人が依然として後を絶ちません。本来は幸せを得る場であるはずなのにと、胸ふさがる思いです。

もし、そこに対話があったら…、「そうだよね、わかるよ」と、感情を受け止めてくれる人がいて、「一緒に考えよう」と、寄り添ってくれる人がいたら、悲しい出来事はもっと防げるのではないかと思えてなりません。言うまでもなく、**原因が過重労働ならば、それをなくすための効率化は必須です。しかし、新たにお金も労力もかけて本気で効率化するには、やはり、人に寄り添う想いが原動力として欠かせないでしょう。**

経済〝拡大〟は必ずしも人の幸せにつながらないとわかったこれからは、人間力の時代です。人の感情をなかったことにせず、喜びも悲しみも認め合い、喜びはどう広げていくか、悲しみはどう取り除いていくかを考える。この人間力こそが、人にも会社にも問われていくに違いありません。

そして、**そのためには対話が必要なのです。強い自分だけではない、弱い自分も安心して出せる対話の場です。これをリードするのは、等身大の自分を公表していこうとするリーダーの勇気でしょう。**

実は、**弱みを出せる組織は強い組織**なのです。かえって信頼度や安心感が増し、自分の居場所を感じることができ、力を発揮しやすくなるからです。

アップライジング（栃木県宇都宮市）

リーダー自ら弱みを開示して社員と本気で向き合う

栃木県宇都宮市の幹線道路沿いに、中古タイヤと中古アルミホイールの買い取り、販売を行なう大型店「アップライジング」（42人。太田店11人）があります。

買い取りはユニークなドライブスルー方式で、顧客は車に乗ったまま、積んできた中古タイヤの査定から買い取りまでを5分でしてもらえます。販売は、店頭とネットで展開。タイヤの在庫は常時1万本あり、県トップの規模を誇ります。

２００６年の創業期は、売上高1億５６４５万円でスタートし、10期で3億６６６５万円、11期で4億５８５２万円。伸びていく業績は、販売する量ではなく経営の質を高めてきたことで実現されています。

創業社長の斎藤幸一さんは自社を人間力大学校と位置付け、「自分を許し、他人を許せる人間であれ」、「磨け、磨け、自分を磨け。タイヤとホイールと自分を磨け」など4つの社訓を掲げています。

斎藤さんは、元ライト級プロボクサーという異色の経歴の持ち主です。アトランタおよびシドニーオリンピックで代表候補に選ばれるなど華々しい選手生活を送りますが、24歳で引退した後は健康食品の販売に失敗。営業の電話に辟易されて友を失い、多額の借金をつくり、妻と幼い娘と3人、極貧生活を送りました。

アップライジングの社名には、立ち上がろうという想いが込められています。創業当時はまだ、「儲けたい」の一心だったそうですが、妻で専務の奈津美さんと共に人としての在り方を学び、人との出会いを得、人間力の大切さに気付いていきました。

なかでも、「**人の悪口しか言えない人はもう成長能力のない人であり、人の短所しか見えない人はもう成長の止まった人である**」という言葉には、はっとさせられたと言います。

元プロボクサーだけあって、ハングリー精神で生きてきた斎藤さんです。しかし、自分を助けてくれなかった人に、「見返してやる」と思い続けるのは、一見、ポジティブに見えて実はネガティブだと思い至りました。足りないものへの不満を原動力にするのではなく、**足るを知り、感謝をエネルギーとする生き方へ**と、方向転換していったのです。

最も大切なのは社員。会社は人間力を育む学校

現在のアップライジングでは、次のような出来事が生まれています。

タイヤ交換に来た顧客に、「あと1年使えますよ」と、売らずに帰したスタッフがいました。この瞬間は損をしましたが、顧客はスタッフの誠意を忘れませんでした。翌年、顧客のほうが「1年経ちました」とタイヤを買ってくれたのです。正直な商売

によって、利益ばかりか徳までついてきた好例です。

そもそも、店舗に商売っ気がありません。入って真正面、まず目を惹くのは来店客から丸見えのシースルーの社長室です。私の取材もここで行ない、社長と専務を前にした公開取材となりました。

入って左には、幅6・5mものガラス張りの猫ルームがあります。斎藤家の飼い猫6匹が自由きままに遊び、来店客を楽しませています。中に入ることもできます。また、この業界では珍しく、授乳室に多目的トイレ、キッズスペース、地域の人が無償で借りられるふたつの会議室などがあり、およそタイヤ店とは思えない空間です。

本業の中古タイヤは、最も目立たない奥まったスペースに置かれており、見学に来る同業者は「信じられない」と口を揃えます。

しかし、正直な商売はファンを生みます。わざわざ関西や東北から買いに来る人、送料を負担してまで遠方から注文する人が後を絶ちません。

会社を人間力大学校と考えていることからも分かるように、アップライジングが最も大切にするのは社員です。

自分たちがどん底から立ち上がった経験者ですから、どんな人にも可能性があるとして、本気で働きたい、人生を好転させたいという意思があれば採用します。70歳以上の高齢者3人のほか、元ひきこもり、重度精神障碍者など、就労困難者が6割を占めることからもその想いは明らかです。加えて、施設外就労制度により12人の障碍者も働きにやって来ます。

ある社員は、父親からDVを受けて育ち、地域住民の通報で保護されてから9年間を児童養護施設で過ごしました。高校を出て一度就職したものの、すぐに退職してしまい、ひきこもり生活はアップライジングに入るまでの30歳まで続きました。

同社は毎日の朝礼前に、親、祖先、地球、太陽、月に感謝する2分間の黙とうを設けています。斎藤さん自身、父親を許せなかった年月があり、その後に和解した経験を持つだけに、「人間力を高める基礎は謙虚さ。生きているのではなく、生かされているという感謝の心を持ってほしい」と、願うのです。

黙とうは心の世界ですから、社員がどんなことを思っているかは分かりません。しかし、先の社員は2年後、入院中の父親に、やむを得ずではあったものの会いに行く決断をしました。親子の溝が埋まることはありませんでしたが、「ちゃんと働いているという報告ができただけでも行って良かった」と、伝えに来てくれたそうです。

社員の精神的ケアに当たる奈津美さんは語ります。「普通に暮らしてきた人でも、感謝することができない人はたくさんいると思います。まして、自分を虐待した親に感謝するなんて、仙人の域に達しないと無理でしょう。それでも自分の過去と向き合い、成長しようとする社員を、私たちは心からサポートしていきます」

また他の社員は、上場企業の転職を重ねる過程で睡眠薬が手放せなくなり、薬物中毒の更生施設ダルクを出所して働いています。親から絶縁された過去がありますが、アップライジングに入社して1年後、実家に電話をかける気になったそうです。それは実に、14年ぶりのこと。和解の食事をしたそうです。

人間力大学校を掲げるアップライジングは、先のふたりのように、謙虚な気持ちや感謝の心を持てなくても、それを咎めることはありません。例えば、誰かを憎んでしまう気持ち、そんな自分自身を許せない気持ち、そうしたいわゆるネガティブな気持ちを、推奨はしませんが、否定もしません。

大切なのは、プラスであれマイナスであれ、感情を出す場があるということです。そして、マイナス感情だとしても、「そう思うんだね」と受容してくれたり、「わかるよ」と共感してくれる人がいる安心感が必要なのです。感謝できた喜びは素晴らしいものですが、感謝できなくても、ずっと言えなかった苦しい胸のうちをやっと口にできた喜びもまた、尊いものです。

前述のような極めてデリケートな話を私が本に書けるのも、アップライジングではオープンに語られているからです。世間では隠すべきと思われる話が、同社では感動と尊敬を持って受け入れられます。「あいつはまだ苦しんでいるけど、ここまで話せるようになったんだ」、「あいつはこんな環境で育ってきたのに、これだけの感謝ができるんだ」、「よし、自分もがんばろう」と、**一人ひとりの弱みを開示する強さが、仲間に勇気を与えている**のです。

リーダー自ら弱みを開示して社員と向き合う

斎藤さんと奈津美さんのふたりは、誰よりも先に自分たちの過去を、オープンに語ってきました。

伝える場は、月に1度の食事会や年に1度の社員旅行などです。アップライジングの前身が廃品回収業の「くずやの斎藤」だったこと、ふたりの出会いは宇都宮駅の通路で、消費者金融のティッシュを配っていたのが奈津美さんで、それを受け取ったのが斎藤さんだったこと、実弟で次長の信行さんとは、過去にライバル社同士であり、「バチバチの兄弟喧嘩をしていた」という話も、大いに盛り上がるそうです。

また、外部から講話を依頼された際には、社員やパートアルバイトを連れ立って出かけます。ほかの経営者や学生らと一緒に斎藤さんの話を聞くことで、自社の立ち位置やトップリーダーの想いを客観的に知ることができるからです。「いい会社で働いていますね」、「あなたの会社の社長ってすごいね」と、言われればうれしいですし、やりがいも高まるのです。

同社のように、**まずリーダーから自己開示することで、「ここは自分を偽らなくても大丈夫なんだ」、「何を話しても馬鹿にされないんだ」という安心感が組織に生まれます。**

専務の奈津美さんは、「毎日、何かしら問題が起こり、自分たちが教育されています」と、笑います。社員に対して「どうして分かってくれないの」という当初の悩みは、「どうすれば解決するだろう」という考えに変わり、今では「**あなたがどんなことをしても、私がそばについているよ**」と、心から言えるといいます。

心のケアを大事な仕事ととらえる奈津美さんは、現場で問題が起きた際、「この人の人生にとって何がいちばん最善だろう」と、考えて対応します。仕事そのものよりも、人生のほうが順番が先なのです。

実は、先の30歳まで引きこもっていた社員にはこんな話もあります。

自己肯定感が低かった彼は、食べ物を買うお金もないほど彼女に貢がされていました。これに気付いた奈津美さんは、人間関係はお金じゃないんだよと、当人と対話した上で、彼女とも直接電話をして別れさせました。「本当にあなたを大切に思う人は、どんな行動や発言をするかをよく考えて」と、今も言い続けています。

「また、何か指摘されるとすぐ傷ついてしまう人がいます。こういう人は、これまでの人生でネガティブな思考回路を培っているので、まずは言葉の解釈を教えます」と、奈津美さん。「今日はタイヤ交換作業に参加しなくていいよ」と言われただけで、「自分の能力が低いからだ」と、落ち込んでしまう人には、「タイヤ交換じゃないほかの仕事をしたほうが、チーム全体の仕事がはかどるとしたら、どっちがいいと思う?」

など、選択肢を挙げながら、考え方を修正していくのです。深刻にならず、明るく言うのがコツだそうです。

「感情コントロールができない人には粘り強く向き合います。3日間、会社に来なかった人もいますが、それでも向き合っていると、数時間や数分で気持ちを切り替えられるようになっていきます。普段から、『心が辛くなったらいつでも話しに来て』と言っていますが、遠慮するので私から声をかけるようにしています」

こうした感情の話をすると、「甘えている」と、考える人が少なくありません。しかし、奈津美さんは言うのです。

「甘えてもいいんじゃないですか。だって、いままで甘えられなかったんだから。物事の考え方を教えながら、過去に受けてきた傷を誰かが癒やしてあげればいいんです」

個人的な面倒な話に巻き込まれないよう、うわべの会話で済ませるのか、その人の先の人生まで考え、本音で踏み込んでいくのか。これはとてつもなく大きな違いです。

また、甘やかしのレベルで終わるのか、人間力を高めるレベルまで真剣勝負で向き合うか。それは、社員自らの課題である以前に、リーダー自らが自分自身と対峙しているかどうかにかかっているのかもしれません。

グーグルの調査でわかった生産性をあげる方法とは

アメリカのグーグル社は、生産性を向上させる計画の中で、「プロジェクト・アリストテレス（Project Aristotle）」を行ないました。数百を数える社内チームの中で、生産性の高いチームと、そうでないチームがあるのはなぜなのか。どのような働き方をすればより生産性が高まるかを研究したのです。

２０１６年に発表されたその結果は、実に興味深いものでした。生産性を高める要因は「規範」でも「能力」でもなく、「心理的安全性」だったのです。

心理的安全性とは、「こんなことを言ったら否定されるのではないか」、「怒られないようにしなくてはいけない」などと心配することなく、「ここでは拒否されない」、「罰せられない」と、確信を持てることを指します。

心理的安全性が高いと、チームの生産性も高い。

これが、データ分析に強い同社が3年をかけて出した結論でした。

そしてそのためには、**不安や悲しみを臆することなく分かち合える必要があること、誰も自分の感情を家に置いて出社することなど望んではいない**と知るべきだ、といった報告がなされました。

プロジェクト・アリストテレスの結果を受けて、グーグルはチームリーダーたちに声をかけました。自らのチームに心理的安全性を育むにはどうすればよいか、対策を考えてほしいというのです。

有志で集ったリーダーのひとりに、マット・サカグチという日系アメリカ人がいました。彼は以前、自らのチーム運営がうまくいかなかった経験があり、プロジェクト・アリストテレスに興味を持っていました。

彼はまず、現在のチームメンバーに「チームの役割が明確に理解されているか」、「チームによる仕事が与えるインパクトをどう評価しているか」などのアンケートを採りますが、結果は驚くほど悪いものでした。

そこで彼は、アンケート結果をチームメンバーと話し合うためにオフサイトミーティングを開きます。その冒頭で、個人的な話を始めたのでした。

「いまからみんなが知らないことを伝えようと思うんだ。私はステージ4のがんにかかっている」。

2001年に腎臓に見つかり、最近、肝臓にも見つかったことを告白しました。思ってもみない話に、チームメンバーの誰も、言うべき言葉が見つかりませんでした。しばらくして、チームのひとりが自分の健康問題について打ち明けました。するともうひとりも自身が抱える悩みを話しました。そうした時間を経て、いつの間にかチームは、本題である調査に焦点を戻し、生産性を高めるための話を始めました。

そして、自分たちを悩ます日々の小さな摩擦やわずらわしい事柄を正直に語り合うことが大切であること、チームの誰かが孤独を感じていたり、落ち込んでいたりするとき、それに気づく努力をしようということで一致しました。

リーダーが開いたオフサイトミーティングは、「心理的な安全」と「感情を交えた対話」が緊密に関連していることを示しています。

国は違っても、感情を持つ人間という点では同じです。日本全国のいい会社を巡り、感情の大切さを確信していた私は、プロジェクト・アリストテレスの結果にこの上なく納得しました。

泣ける組織は強い

泣ける組織は強い。取材を続けるうちに、私はそう思うようになりました。悲しくて泣くというより、感極まって泣く話が断然多いのです。泣ける組織がなぜ強いかというと、それだけ素晴らしい出来事があるということですし、感動する感性を持っているということになるからです。さらには、仕事の場で泣けるということは、そこに安心と信頼がある証拠だからです。

大人になると、多くの人は涙を流すことが少なくなります。ましてや仕事の場であれば、ほとんどの人は必死に涙をこらえようとするでしょう。涙なんて流したら笑われる、馬鹿にされる、格好悪いことだと思うわけです。

しかし、よきリーダーは、泣ける方が素晴らしいと考えます。インタビュー中、目を潤ませながら感動や感謝の話をされる人は決して珍しくありません。いい話が多いのでインタビュアーの私もよく一緒に涙してしまいます。

泣くのはみっともないと言われる世の中ですが、人が泣かなくなったのは歴史上では、ほんの最近のことのようです。

３００年前の人間は、右脳だけで生きていたという説もありますし、中世でも人はよく泣いていたらしく、また幕末の名だたる武士も感極まってよく泣いたそうです。あれほど情熱的に国を変えようとしていた彼らです。涙なしには想いを伝えることができなかったのかもしれませんし、涙が想いをさらに強めた面もあるかもしれません。


春に美しい声でさえずるウグイスは、１年間、さえずっていないと鳴き方を忘れてしまうことがあるそうです。「ホーホケ」とか、「ホゲギョ」など、いまひとつ残念な鳴き声を聞いたことがあると思いますが、あれは子どものウグイスとは限らず、鳴き方を忘れた大人のトレーニングだったりするのです。

人間もそうです。現代では、「泣かない」ということが、あたかも社会人スキルのように認識されていますが、湧き上がる感情にブレーキをかけ続けて使わないと、せっかく育まれようとしているその感受性に蓋をすることになり、やがて反応の仕方を忘れてしまうでしょう。すると、他者の感情にも無頓着になってしまいます。

つまり、泣ける組織が強いのは、心理的安全性がある証しであり、自分の感情に素直に向き合っている人が多いということであり、そうした人こそが、他人の感情にも向き合えるということだからです。

その意味で、よきリーダーは仕事に感情を持ち込みます。

いまはまだ、「仕事に感情を持ち込むな」は常套句としてはびこっていますが、そのうちに「仕事に感情を忘れるな」という日がきっと来るでしょう。

6章

よきリーダーは「率先垂範」せず「主体性」を大切にする

よきリーダーは先頭に立たない

リーダーたるもの率先垂範すべきである。これが世間一般の考えでしょう。後に続く人の手本となるように、先頭であらゆる模範を示すことは、とてもいいことと思われています。私も昔は、そう考えていました。ところが、現実に出会うよきリーダーは、必ずしもそうではなかったのです。

もちろん、あいさつをする、笑顔でいる、ずるいことをしないなど、人としてのあるべき姿は積極的に行動に示しますが、それ以外のこと、とりわけ業務にかかわることは、できるだけ模範を示さないようにしているのです。

例えば、何か相談をされたとき、「その場合はこうするといいよ」と、答えを教えることはせず、「あなたはどう思う?」と、質問で返すようなところがあります。

その場で教えるほうが楽ですし、教わった相手もすぐ対処できて便利なのに、なぜ、よきリーダーはそうしないのでしょうか。
それは、自分の頭で考えてほしいからです。なんでもかんでも教えてしまったら、そのうちに相手は自分で考えるのを止めてしまい、答えが与えられるのを待つようになります。これは、人間の主体性を奪うことと変わりありません。

人は本来、他人から言われたことをするよりも、自分で考えたことをしたいのです。自分で考えて自分で行動すること、それは〝自由〟という人間の尊厳でもあり、**主体性を持つということは、人間の本質的なニーズ**なのです。哲学者のカントは、「**自分で自分に課したものは、義務と自由を両立する**」と述べています。

働く上で最も大切なやりがいは、主体性という土台があってこそ生まれます。そして会社は、やりがいを感じている人で成り立ってこそ、魅力的な存在になり得ます。
自分で考えて自分で行なったことは、たとえ失敗しても素直に反省できますから、それは新たな成長へとつながります。ところが、人に教わったことや、やれと言われてやったことが失敗した場合は、素直な反省に至りにくく、成長を望むこともできません。

さらには、変化の激しい今の時代は、管理職よりも第一線で働く人のほうが的確な答えを持っていることが多いのです。そもそもリーダーの判断が常に正しいとは限りません。顧客の立場から見ても、目の前の担当者が自ら迅速に対応してくれたほうがうれしいでしょう。よって、第一線で働く人の主体性を妨げないためにも、むやみに教えないことが肝心なのです。

私たちは記憶にないほど小さなころから、自分の手でものを触りたがり、自分の興味があるほうへ歩こうとしてきました。それが大人によって阻まれたとき、全力で泣いて抵抗したではありませんか。このように、押し付けられて何かをさせられるのは嫌なのです。

そしてもうひとつ加えるなら、人は必ず年を取りますから、例外なく仕事をバトンタッチする日が来ます。そのときから逆算して考えれば、日ごろから主体性を尊重して育てるという選択以外にないでしょう。

このような理由から、やりがいを重んじるリーダーは、できるだけ率先垂範しない、つまり、教えないという選択をするのです。

ネッツトヨタ南国（高知県高知市）

リーダーが先頭に立たず、教えず全社員が人生の勝利者になる

「やってみせ、言って聞かせて、させてみせ、ほめてやらねば、人は動かじ」と言ったのは、かの山本五十六ですが、「**してみせず、言って聞かせず、やらせてみる。叱りもしないが褒めもしない**」というスタイルでやりがいを高めているリーダーがいます。４章でも紹介したネッツトヨタ南国（１４０人）の相談役・横田英毅さんです。

先頭車両の力だけで後ろを引っ張る蒸気機関車型ではなく、社員と並んで走る並走型のリーダーであり、しかも、一緒に光を浴びるというよりは、あたかも影のように在るのです。

直属の部下が横田さんを評し、「戦略的な存在感のなさ」と言ったことは、私の周りでは有名な話です。言われた本人も、「うまいことを言う」と、感心していました。

ネッツトヨタ南国は１９８０年に創業しました。当初は採用で人が集まらず苦労しましたが、そのころから教えないリーダーであり続けました。結果、全国２８０を数えるトヨタ販売会社中、12年間連続で顧客満足度１位および新車販売利益率全国トップ３の会社となりました。

人口33万人の高知市は、10もの自動車販売店がしのぎを削る激戦区ですが、同社はあまり値引きをせず、ショールーム内には車も置いてありません。にもかかわらず年間延べ12万人を集客し、年商は50億円。利益も86年から30年以上、毎年黒字です。

選ばれる理由は、購入後の顧客アンケートが明らかにしています。「担当スタッフの感じがよかった」、「担当者に行動力がある」など、ほとんどが人財によるものです。

同社の目的は、「**全社員が人生の勝利者になる**」。以前は、「全社員を人生の勝利者にする」と表記していましたが、会社が先導するような表現は本意ではないとして、社員の主体性を尊重する前者の表現に改めました。勝利者といっても敗者はいません。仕事を通じて自分の可能性を最大限に発揮でき、ここで働けて幸せだと思え、退職後の人生にも活かせることを、人生の勝利者と位置付けているのです。

同社では、横田さんに端を発する教えない教育が脈々と受け継がれています。接客担当の新人社員が、「どうすれば、そんな風にヒールの音を立てずに歩けるんですか」と、先輩社員に聞けば、「どうすればいいと思う?」と、返事が返ってきます。

何らかのミスがあって顧客にお詫びをする際も、極力、上司は出ていかず、本人が最後まで対応します。また、「このままでは失敗するだろう」と予測できても、ほとんどの場面で黙っています。いずれの場合も、本人が自分で考えて自分で実践したほうが、可能性を最大限に発揮する人生の勝利者に近づけるからです。

80年代の創業期、横田さんは全員に聞きました。「どんな会社にしたいですか」。すると、みなが「自分の力を発揮できる会社がいい」といった返答をしました。また、「これまでの仕事で何がうれしかったですか」と聞くと、「お客さまに喜ばれたとき」などと答えました。これらは人間の本質的なニーズでしょう。

では、力を発揮できたり、顧客に喜ばれるためには何が必要でしょうか。それは、**社員の主体性を尊重すること**です。やらされ仕事では、どちらの実感も得られないからです。

ちなみに、似た言葉に自主性がありますが、主体性とは少し意味が違います。

自主性は、やるべきことが明らかで、かつ言われる前に行動を取ること、主体性は、やるべきことが明らかになっていなくても、自らそれを見つけ、かつ言われる前に行動することです。ネッツトヨタ南国では後者を求めているので、ここでは主体性という言葉に統一して話を進めます。

「なぜ?」と問いかけ主体性を尊重する

主体性を尊重するとは、社員の内側に芽生える「**自分で考えて自分で行動を起こしたい**」**という想いに気づき、優先し、育むことです**。となれば、リーダーがやるべきことは明白です。**できる限り、率先垂範しなければいいのです**。

横田さんの口ぐせは、「なぜそうするの?」、「なぜそうなっているの?」、「なぜそう考えたの?」です。「**自分がなぜそれをやっているのか、本人も知らないことが多いですからね。なぜだろうと、深く考えることで、主体的に気づきが得られます**」

例外として、発注する車の色が違うとか、オプションが間違っているなど、後で取り返しのつかないことは教えますが、ほかはほとんど教えません。

同社では言葉で考えないばかりか、答えとなる行動をあからさまに見せることもありません。一緒に働いていれば、当然、姿は目に入りますが、例えば営業トークで悩んでいる人の前で、リーダーが得意の営業トークを見せることはありません。

では、例えばこの課題をどう解消するのかというと、同社では、本人が顧客との営業トークを録音し、それをリーダーや仲間と一緒に聞き返すのです。

ただし、アドバイスはなく、ただ共に聞くだけです。コミュニケーションの取り方、説明内容、声のトーン、間の取り方など、改善すべき点を一番わかっているのは本人だとして、自分で気づき、自分で直すのを待つのです。

「教えるか、教えないか。これは、今すぐいい結果が出るほうを取るか、少し時間はかかるが社員に成長してもらうほうを取るかの選択と同じです。当社は、常にこの双方を天秤にかけ、結果的にほぼ、『教えない』を選択しています」

それなら顧客に迷惑をかけてもいいのか、と疑問を覚える人もいるでしょう。しかし、考えてみてください。顕在化された問題は氷山の一角であり、他人には見えない水面下で、人は何倍も失敗しているのです。

これを前提として横田さんは、「見えているところだけ直しても焼け石に水です」と言います。「**たまたま知り得た一部分を、その都度、注意したところで全体は変わっていきません。ですから、よく観察して、見えないものを見える化し、全貌を知ることが大切です**」

先の、顧客との会話を録音して聞くトレーニングはまさに全体像の見える化です。**大切なのは、本人が自分に足りない知識や能力を自覚すること**であり、自覚すれば勝手に勉強を始め、全体が改善されていく、と考えるのです。

よきリーダーになるまでに、一度も顧客に迷惑をかけなかった人はいないでしょう。その痛恨の一回一回が、反省とともに心からの気づきをもたらしたはずです。

一回で軌道修正できる人もいれば、百回かかる人もいますが、成長の機会を取り上げられなければ、いつか、自他ともに成長を実感できるようになるはずです。

怒るのも叱るのもよくない

主体性を育むために、**怒るのも叱るのもよくない**と横田さんは言います。

ここでもまず、怒ると叱るの違いを踏まえておきましょう。最も大きな違いは、怒るのは自分のストレス発散のため、叱るのは相手の成長や未来ためということです。利己的で自分の感情のままに近視眼的に行なわれるのが「怒る」。利他的で愛情を持って相手の将来を考えて行われるのが「叱る」です。

意味を理解すれば、怒るという行為はどんなときでも論外だということがわかります。ところが、叱るのもよくないのはなぜでしょうか？

「誰かに叱られて直すよりも、自分自身で失敗を認め、反省するほうが、よほど本人の成長になるからです。未来工業の山田昭男さんは生前、『失敗は隠せ』と社員に言っていたそうですが、本人の自覚を重んじる、大変、深い考えだと思います」

こう考えていくと、日常的に率先垂範していたり、怒りっぽかったりするリーダーが、「なぜ主体的にやらないのか。そのくらい自分で考えてほしい」と、愚痴をこぼすのはおかしいということが分かりますね。

人は怒られるのが嫌いです。「なんでそんなこともできないんだ」などと口にしたり、言葉に出さなくても顔が怒っていると、社員は二度と、怒られないように細かな指示を仰ぐようになります。これでは主体性どころではありません。

リーダーがその人の言動を見て、「それは違う」と思ったときは、教えるのでも怒るのでもなく、会社の意図を噛み砕いて伝えたり、もしくはつぶやいたり、質問をするとよいと思います。

「こういう理由でこういうことをしたいと思っているんだよ」、「このままだとどうなるだろうね」、「将来はこんなところまで持って行きたいよね」、「それをやるとどうなると思う?」と。それでも分からなければ、自分で気づくために失敗をしてもらえばよいのではないでしょうか。

多数決はしない。皆が納得するまで時間をかける

ネッツトヨタ南国は、会議も率先垂範がありません。初めて聞く人は驚くと思いますが、実は多数決をしない会社なのです。唯一、多数決が許されるのは社員旅行の行き先だけ。ほかは全員の総意がそろうまで何回でも話し合いが行われます。

あるリーダーは最初、スローペースなこのやり方にいらいらしたそうです。しかし

今はこのように語ります。

「何かを決めるだけなら部長の自分がすればいい。でも、当社にとっての会議は、共に話し合って、共に成長するためのもので、話し合いそのものに意味があるんです。だから、結論が出なくても構わないんです」

民主主義国に生きる私たちは、多数決が最善の決定手順と考えますが、例えば6対4で決まったとき、4の人たちは納得していませんから、そのまま動き出しても6のパワーしか出せません。しかし、10対0になるまで話し合えば、最も強いパワーで実行できるのです。別の社員も言いました。「全員が納得してやると、その後の動きがまったく違う。多数決よりも断然、気分がいいし、結果もいいものになるんです」。

多数決しない一例を挙げてみましょう。以前、ショールームにはグラビアページのある大衆誌が置かれてあり、女性スタッフに不評でした。これを置くか置かないか、最初の会議は意見が五分五分に分かれましたが、3回目になって、全員一致で置かないことになりました。

話し合ううちに、置く置かないの対立から、「お客さまはなぜ雑誌を読むのだろう」と、物事の根本を見つめる流れになりました。そして、「退屈しているからだろう」、「自分たちの努力で退屈しないようにできないか」、「そうすれば、そもそも雑誌が要らなくなる」と、意見が集約されていったのです。会議を多数決の場とせず、話し合うことそのものに価値を置くことで、気づきの場にもなっているのでした。

「しかし、急ぎの採決はどうするのか」と、疑問を持ったかもしれません。これについては3つ言えることがあります。

ひとつは、すぐに全員一致することもあるということ、ふたつ目はそれほど急を要する案件はまずありませんよね、ということ。3つ目は、その質問が浮かんだ心の中を覗いてみようということです。

例えば、今日から道路掃除を始める会社があって、ある社員がこう言ったとします。「なぜ、道路まで掃除しなければいけないんですか。急な仕事のときはどうすればいいんですか」。これは、疑問の形を取っていますが、本心は「私はやりたくない」であって、質問したいわけではありません。つまり、「急ぎの採決はどうするのか」という質問も、心理的にはこれと同じなのです。

本当にやってみようと思う人なら、できない理由に思いを巡らせるのではなく、こんな風に考えるのではないでしょうか。「なるほど。いい考えだから、取り入れられそうな議題から早速、やってみよう。当面、ほとんどの会議は多数決を続けるだろうが、徐々に全員の総意を大切にする習慣に変えていけるかもしれない」と。

　本書で取り上げている、よきリーダーの7つのエッセンスも、願わくばこんな風に柔軟に考えて取り入れてもらえたらと思っています。


　ネッツトヨタ南国は、価値観の合う人の採用に力を入れている会社です。よって、他社に比べれば、率先垂範しなくてもうまくいきやすい状態でしょう。しかし、人材が集まらなかったころから、率先垂範しない文化を育んできたのです。

　安易に教えず、全員の総意がそろうまで待つことを厭わない。こうした組織は、急拡大や急成長ではなく、一人ひとりの可能性を最大に伸ばしながら、着実に成長していくことを目指す集団です。

　面白いことに、スピーディな時代に取り残されるかというと、そうはならず、かえって時代にマッチします。いいプロセスはいい結果を生むことを、冒頭の好業績が証明しています。また、顧客アンケートにあったように、世の中は人間力のある人を待ち望んでいるのです。

「率先垂範」の3つの注意点

率先垂範しないということについて、ここで3つの補足をしておきたいと思います。

ひとつ目は、これまでに述べているように、**率先垂範はしたほうがよいことと、しないほうがよいことの2種類ある**ということです。

表のように、あいさつ、笑顔、思いやりなど、人としてのあるべき姿は率先しないと始まりません。また、会社の方向性や価値観を伝えるのも大切です。よきリーダーは「何のために働くのか」など哲学的なことは積極的に伝えています。哲学は、一人ひとりが自分の頭で考えるためのベースとして欠かせないものだからです。

反対に、業務を担当する本人が考えるべきことは率先垂範せず、教えないほうがよいでしょう。例えば、選択肢に迷っている人に「こちらがいいよ」などと、口出しするのは慎みたいものです。自分で考える習慣を奪ってしまうからです。それに、常に

「率先垂範」の注意点

率先垂範しないほうがよいこと 教えない方がいいこと	率先垂範したほうがよいこと 教えても差し支えないこと
左記以外のことです。 自分なりに考えてみましょう。	●あいさつ、笑顔、元気、礼儀、思いやり、愛情など、人としてのあるべき姿 ●困難にめげない姿勢、掃除、想いをオープンに語るなど、価値観が伝わるような事柄 ●自分の頭で考えるための土台となる哲学を伝えるのは必要。例えば、なんのために会社は存在しているのか、何を喜びとするのか、なぜ人は働くのか、会社の目的、価値観、考え方など。 ●技術職、サービス職ともに、基礎的な技術やマニュアルに載っていることを教えるのは問題ない ●非常時のリーダーシップ

リーダーが正しいとは限らないからです。

なお、この率先垂範しない・教えないスタイルは、コミュニケーション全体の中の一部分の話です。2章の順番や5章で触れた感情を大切にしたり、次の7章のように本業以外の一見、無駄と思われる取り組みをさまざま行なったりと、多様なシチュエーションが複合された中に、率先垂範しないという一面があるのであって、前ページの表が人育てのすべてではありません。

ふたつ目は、言うまでもありませんが、非常時は例外です。未曾有の大災害や大事故、会社が傾くほどの市場経済の変化に際しては、陣頭指揮を執る人が必要でしょう。よきリーダーはこのときのためにコミュニケーションを図り、洞察力を磨き、木を見たり森を見たりしているとも言えます。再び、平時に戻ったら率先垂範をできるだけ減らしていき、社員のやりがいを邪魔しないように気を付けます。もっとも、普段から主体性を育んでいる会社なら、有事でも誰かひとりのリーダーにすがることなく、それぞれが適材適所でリーダーシップを発揮するのではないかと思います。

そして3つ目は、率先垂範しないことは、無責任や無関心な丸投げ・放任とは違うということです。

ときに、いい会社のリーダーが、丸投げで自立心を育むとか、放任主義で育てているなどと言うことがあります。しかし、これを言葉通りに受け取ってはいけません。その人たちは、裏でどれほどの心配りをし、どれほどの仕組みづくりをし、どれほど素晴らしい次のリーダーを育てていることか。決して、手を抜いているわけではないのです。

生活の木（東京都渋谷区）

トップは率先せず現場に任せ
社員一人ひとりがリーダーに

会社は経営者の器以上にはなれないと、よく言われますが、率先したほうがいいこと、しないほうがいいことを意識した経営で、自分の器以上だという会社をつくり上げた人もいます。「僕は本来、７８０人もの社員を率いる器ではありませんが、自分の器以上の会社にしたかったんです」。そう語るのは、生活の木の社長である重永忠さんです。

同社は、ラベンダーやミントなどのハーブやエッセンシャルオイルの活用を1970年代後半から提案してきた業界の先駆けです。現在は、全国に直営専門店120店舗、カルチャースクール18校、自社工場、自社流通センター、ハーブガーデンなどを構え、また世界51カ国の提携農園から約300品種の植物由来の自然素材、ハーブを直輸入しています。

想いを一貫して届けようと、商品開発、製造、卸、小売り、スクールまでオール自前で行なっているのも大きな特徴で、そのために大所帯なのです。

よきリーダーのひとりである重永さんも、**会社は社員が人生をかけて働き、幸せになる場**、と捉えています。

「当社が考える幸せとは、生き方・身体・心のそれぞれが自然で健康で楽しい状態のこと。〝仕事〟というよりも、〝志事〟の醍醐味を感じられること。これらが叶ってこそ、健康なTree of Life（生命の樹＝社名の語源）が育つと考えています」

どんなに規模が大きくなっても、みんなが幸せでいられる顔の見える会社にしたい。しかし、自分の器には限界がある—。そこで、重永さんが考えたのは、「僕以上にハーブやアロマテラピーが好きで、志事に夢中になり、志事にむきになれる、つまり、会社事を自分事にできる人で会社が構成されればいい」ということでした。

一人ひとりの幸せを育む上で、同社が最初に力を注ぐのは、内定者との4日間の合宿です。自分という人間の強さと弱さを見つめながら、人生の理念や理想像をつくる機会として当てられ、そこに仕事をどう位置付けるかを考えていきます。

この合宿を受けた内定者は、「人生に役立つ学びができるのがうれしい。いい志事をすることは、いい人生になることだと思います」と、目を輝かせていました。

内定者合宿は、会社の根幹である考え方を伝える場なので、これは重永さんが率先して携わります。しかし、2016年からは、「自分も後輩の育成に貢献したい」という先輩リーダーの参加も始まり、部分的に合宿研修の運営を委譲できる体制づくりも進められています。

また、合宿とは別に、重永さんが講師を務める勉強会も勤務年数、職種、地域、昇格時ごとに、年30回ほど開かれています。きっかけは社員の要望でした。

2009年、ある機関に依頼して社員のモチベーション実態調査をした結果、「もっと勉強したいので研修の機会がほしい」、「社長に会って直接話がしたい」が、要望の1位、2位に挙がりました。そこで、ふたつを同時にかなえるために、重永さん自らが研修を行ない、終了後に親睦会食会を開くことにしたのです。

研修内容はノウハウではなく、一人ひとりがリーダーシップを取る大切さ、お客さまの想いをくみ取る想像力についてなど、哲学的・質的なもので、研修を始めてから3年後に同じ調査をすると、社員満足度は東日本地区で1位になりました。

この研修の効果は大きく、仕事が嫌でやめる人がほとんどいなくなり、9割を占める女性社員の多くが、出産と育児休暇後を経て復職するようになりました。現在では、これら研修会も重永さんの率先垂範を弱め、ほかのリーダーにも委譲できるようにしようとしています。

誰を見て仕事をしているのかが大事な視点

同社には「PFC」（Project For Challenger）と呼ばれるプロジェクトがあります。社内でアイデアを公募して有志が活動するもので、これまでに芳香器や、ハーブドリンクを販売する「アロマカフェ」などが誕生しました。会社事を自分事にする仕組みのひとつです。

意見交換しやすい場も設けられており、社内の一角にはドリンクコーナーがあります。ここは夕刻にアルコールが解禁となり、バーとしても機能します。


同社では、店舗運営、イベント、印刷物、キャンペーンなど、多くのことはトップリーダーが決めなくてもよいとして社員が意思決定しますが、大型投資案件、新店舗オープンや閉店といった責任が非常に大きい仕事は、重永さんが最終決定をします。しかしこのような時も、担当者自身の結論を持って来ることが決まりです。どうしても決められない場合は、せめて2案くらいに絞り、自分はこちらのほうがいいと思っている、と言えるくらい考えることが大事とされています。

「言われてやるんじゃや、面白くないですからね。できるだけ社員に決めてもらいますし、一度任せたら、ああしろ、こうしろとはほとんど言いません」

社員が自分で考えて自分で意見を言うようになると、リーダーにとっては耳の痛い話も出てきます。むしろ、いい会社のよきリーダーほど、耳の痛い話が直接、入ってくるとも言えます。

重永さんは次のように語ります。「〝話は10割聞く〟を信条としていますが、僕も人間ですから、なんだよって思うこともあるんですよ。でも、そこであからさまに怒った顔をしたり、言葉に出すのはいけませんよね。それをやってしまうと、僕の顔を見て仕事をするようになってしまいます。社員に見て欲しいのは、僕ではなくお客さまの顔のほうですし、社員もそれを望んでいますから」


一般的に、リーダーが怒りやすい人だったり、強烈にはっぱをかける人だったりすると、周りにいる人は怒られないように、責められないように、機嫌をうかがい始めます。問題が起きても伏せるようになり、業績に色を付けて提出することもあります。すぐに相談していたら小さなやけどで済んだであろうことが、もはや隠せない大火事になるまで知らされなかった、そうした会社の事例は少なくありません。

リーダーの役割は、働く人の輝きを存分に引き出すことであり、それが商品やサービスに転嫁されて、会社の輝きにもなっていくのが理想です。それなのに、顧客や仲間よりもリーダーの顔色を見て働くようになったら本末転倒です。

どんな会社にとっても、**「誰を見て仕事をしているのか」。これが大切な視点です。**

生活の木では、「**目の前に存在しているいいことを、自ら実現していくことがリーダーシップ**」と定義しています。ひとりのリーダーの後ろを、メンバーがついていくイメージとはまったく違うリーダーシップ像で、肩書の有無にかかわらず、社員全員がそれぞれリーダーシップを取ることを奨励しています。

「店舗では、瞬時のリーダーシップが問われるんです。お客さまに声をかけたほうがいいか、そっとしておいてほしいお客さまか、『こんなことを望まれているのではないか』と、察して行動に移すのは、スタッフ一人ひとりのリーダーシップに委ねられます。その意欲を消失させないためにも、**失敗しても咎めず、最後の最後はトップが責任を取るという覚悟が大切**ですね」

重永さんは、時間があればスタッフのプロフィールを見ています。「数年前に出産した人なら、『子どもは大きくなっただろうな』なんて思うし、入社間もない人なら、『志事を楽しんでくれているかな』なんて思います。一人ひとりがどういう背景でどういう気持ちで働いているのかを知っていたい。**リーダーが人に関心を持つのは当たり前のことだと思います**」

トップリーダーである重永さんは、「たとえ社員が2000人になっても、みんなの顔や名前を分かっていたい」として、社員数が５００人を突破したときから、全社員に直筆の誕生日カードを送り始めました。７８０人になった現在では、誕生日カードはバージョンアップされ、紙細工が飛び出す美しいカードになっていますし、さらに一人ひとりに合わせてプレゼントも付けるようになりました。月30万円ほどかかる費用はすべてポケットマネーです。

重永さんは方向性を示したり、哲学、理念、価値観を伝える勉強会、またこのように愛情を示すことは率先して行ないます。ですが、これ以外はできる限り率先垂範しないようにしています。

「すべての人がそれぞれリーダーシップを取ることによって、僕だけの器に留まるのではなく、みんなの器が集まった大きな器を作ることができました。これまでもそうですが、将来も、『あのとき、自分たちで考えてきたから今の生活の木があるんだよね』と、みんなで言い合いたいですよね」

人間力――会社は何と何からできているのか

会社や職場は概念であって、形はありません。「あれが私の会社だよ」と、建物を指差すことはあっても、それは会社そのものではありません。会社や職場は大きくふたつのものから構成されています。それは人間と仕事です。そこに人間がいて、そこに仕事があると、それが会社になったり、職場になったり、店舗になったりします。

世界には多様な仕事が存在しますが、**その仕事が勝手にしゃべったり、**客先に出か**けたりすることはありません。その仕事に携わる人間が、日々どんなことを考え、どんな表情で、どんな言葉を選び、どんな行動を取るかで、仕事の質も会社の質も変わっていきます。**もし、ひとつの会社の人間がすべて入れ替わったら、まったく違う会社になるでしょう。

私がこれまで足を向けたいい会社には、あいさつが驚くほど気持ち良かった、整理整頓が行き届いていた、社会をよりよくしていこうとする気概にあふれていた、共に学び合う姿勢があった、さまざまな仕組みが導入されていた、思いやりと実践に感嘆した、人に貢献する技術があったなど、さまざまな特徴がありましたが、つまるところ人間によるものでした。

では、いい会社にはどんな人間が多いのでしょうか。

ひとことで言えば**人間力**のある人が多いと、私は考えます。この「人間力」という言葉、2010年を過ぎたころから、「人間力のある人が欲しい」」、「人間力を育てていきたい」」、「これからは人間力こそが会社の力だ」などと、聞かれ始めた感がありま す。人間の質に目が行くようになったのは素敵なことだと思います。

人間力とは

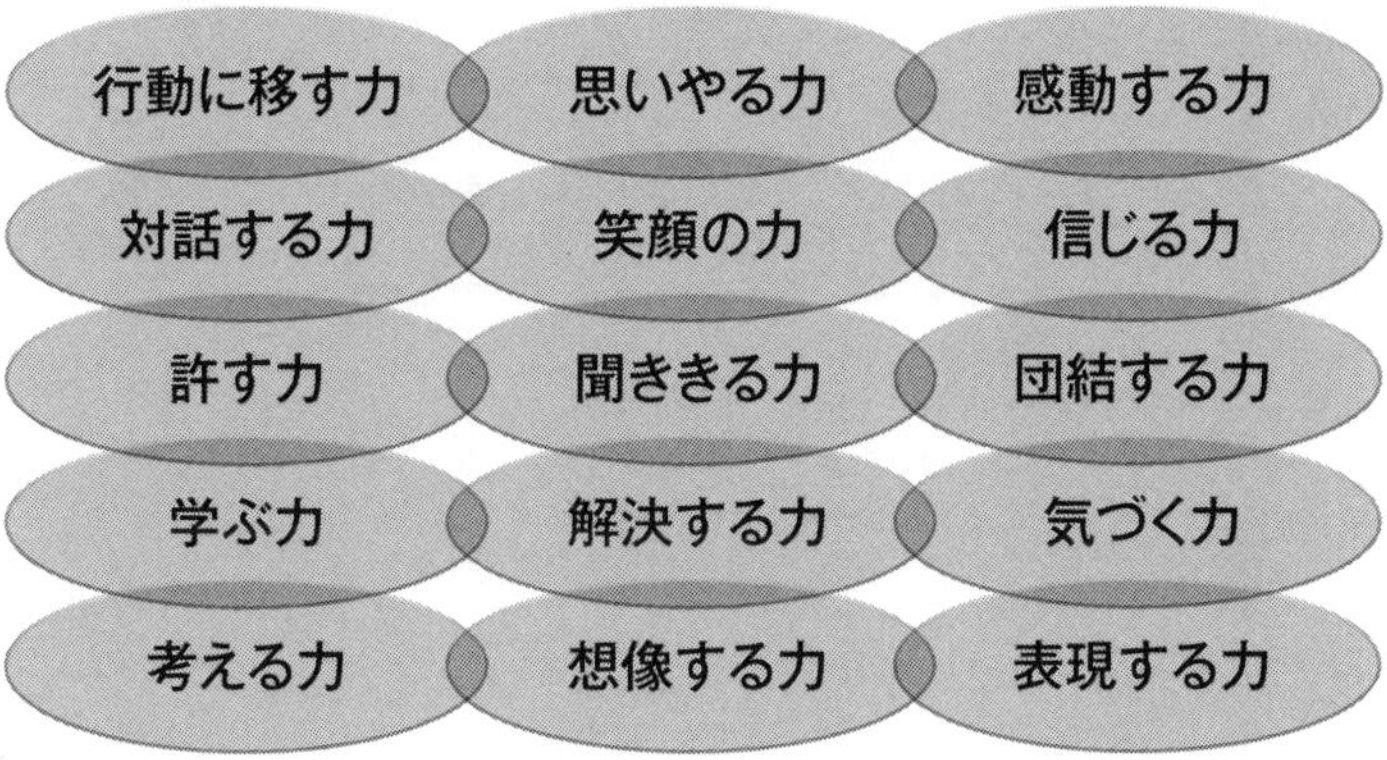

では、人間力とは何を指すのでしょう。

具体的には、想像する力、考える力、解決する力、笑顔の力、感動する力、聞ききる力、対話する力、表現する力、などが言えると思います。

図にあるのはほんの一部ですが、少し眺めて見てください。わずか15項目の中にも、密かに自負する人間力をいくつも見つけられるのではないでしょうか。

会社＝人間＋仕事ですから、ひとりの人間の中に人間力がどれくらい備わっているか、また、ひとつの組織の中に多様な人間力を有する人がどれくらいいるかによって、会社の力が変わってくる、ということになります。

では、人間力はどうすれば高められるのか

―。それは、実践あるのみでしょう。本書の1～7章すべてが人間力によるものです。想像力を働かせたり、人と対話をしたり、難問から逃げずに解決方法を考え抜いたりする過程で、少しずつ培っていくものではないでしょうか。

ところが、本人が考えるべきことまでリーダーが率先垂範していると、「この通りにやればいい」と言われているのと同じですから、想像も対話も解決も必要なくなってしまいます。つまり、人間力を高める機会を奪っていることになるのです。

正しい道に導くのもリーダーの役目だとすると、正しさとは何でしょうか。「正しい」という字を分解すると「一」と「止まれ」になります。なんでも与えればいいものでもなく、「この線で止まれ」と、自らを律することが正しい道を進むコツだということです。率先垂範の功罪を常に頭の片隅に置きながら、答えを教えたい、失敗を咎めたい、いますぐ対処してしまいたい、そんな欲求を自分で止めることもまた、リーダーの仕事なのです。

「率先垂範しない」ことができるリーダーの共通点

よきリーダーは、会社の取り組みを説明してくれる際、「みんなが勝手に考えてくれたんです」、「自分は知らなかったんですよ」ということを、喜々として語ります。

また、リーダーの自分ではなく、「お客さまがスタッフめがけて会いに来るんですよ」というようなことも、自慢のようにうれしそうに話します。

ところがそうでないリーダーは、自分の知らないところで事が進んでいることを嫌がる傾向にあります。

よきリーダーは、それを社員の主体性だと前向きにとらえるのに対し、そうでないリーダーは、それを自分が侮辱されたかのように、後ろ向きにとらえるのです。

なぜ、こうも捉え方が違うのでしょうか。私はさまざまなリーダーと出会う中で、**率先垂範しないでいられるか、いられないかは、キャリアや知識によるのではなく、リーダーの心のゆとり、視野の広さ、自己肯定感に関連しているのではないか**、と思うようになりました。

とりわけ自己肯定感が低い場合、周りが主体的になって伸びていくと、相対的に自分が小さくなったように感じてしまい、人の成長を願うけれど望まないというジレンマが浮上します。また、視野が狭かったり、心にゆとりがないと、人が成長するまで待とうという気も起きません。

しかし、そんなときは思い出してください。**自分なりに一生懸命やっている自分を、誰よりも自分自身が肯定してあげるということを。**よきリーダーも、初めから素晴らしいリーダーだった人はいないということを。

もがきながら、ようやくいまのスタイルを得た人が多く、ほとんどのよきリーダーは、率先垂範してきた過去があります。その中から、率先垂範すべきことと、すべきでないことを身を持って学んできたのです。

「ウサギと亀」や「アリとキリギリス」のように、結果よりもプロセスを大切にしてきたリーダーが、よきリーダーになられています。結果は一瞬ですが、プロセスは長い分、何度でも軌道修正できるのも利点です。人育ては自分育てと言われますが、まさにそれです。

人の輝きを引き出すリーダーの仕事は、自分の輝きを引き出すことにもなるのです。

7章

よきリーダーは「効率」より「無駄」を大切にする

いい会社に共通することとは

長年、いろいろないい会社を訪問し続けていると、異なる業種でありながら、「ここも似たような空気感だ」、「優先順位が同じだ」、「ここでもこの取り組みをしているんだ」などと、似ている点に気付かされます。いい会社は際立つ個性を持ちながらも、業種、立地、規模、歴史を問わず、共通するキーワードがあるのです。

その一部を羅列したのが左の図です。理念を共有している、職場がきれい、正社員もパート・アルバイトも立場に関係なく大切にされている、笑顔がある、あいさつがある、論理的な思考もあるなどで、それぞれは重なり合い補完し合っています。

例えば、左上の一人ひとりが「理念を共有」するには、「社員もパート・アルバイトも関係なく」「チームワーク」で理念を共に考え、語り合い、実践することが必要ですし、それは「社員教育に時間をかける」ことにほかなりません。そうした過程で、心の豊かさを育みながら「論理的思考」も養われていくのです。また、仏頂面で正論

いい会社に共通するキーワード

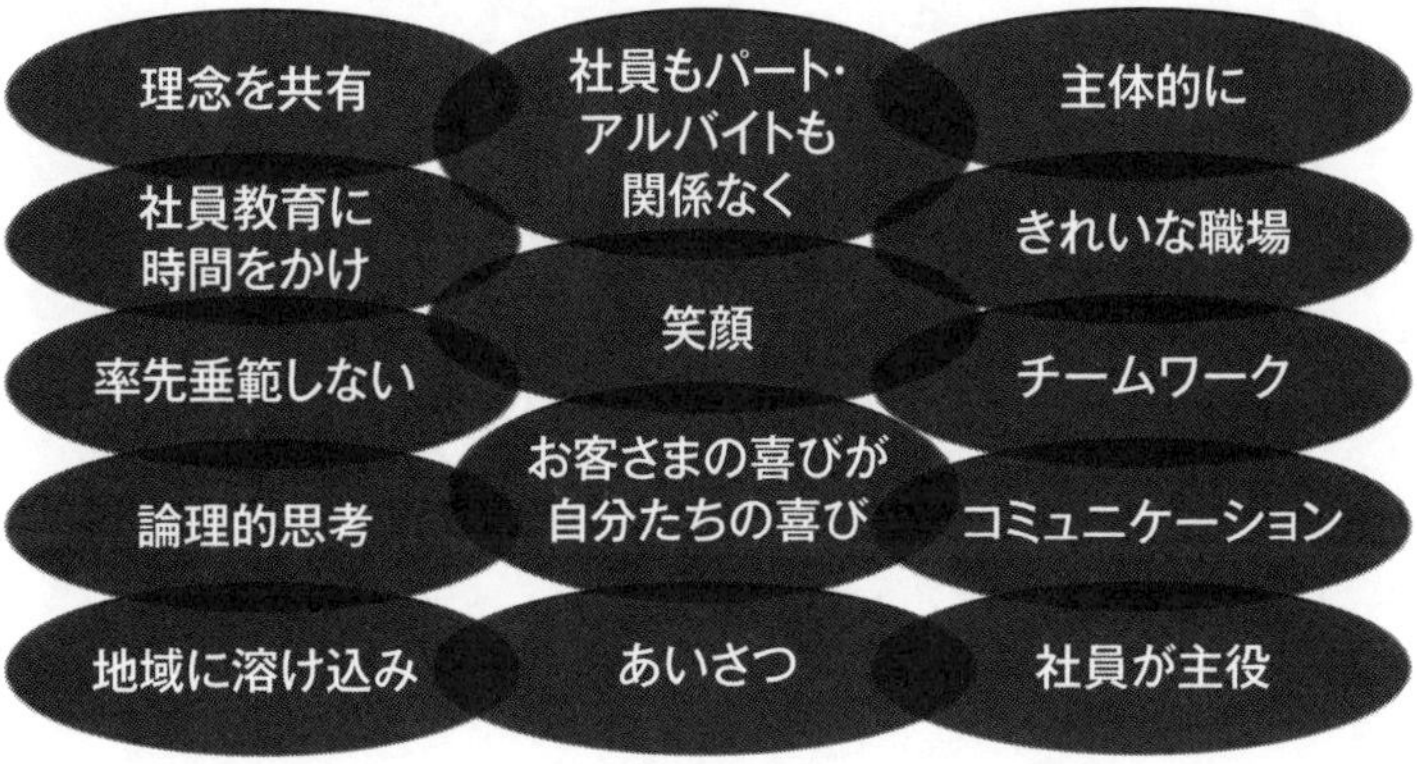

を述べても耳を傾けてはもらえませんから、「笑顔」や「あいさつ」の大切さは言うまでもなく、これは「コミュニケーション」の基本中の基本とも言えます。

　このように、一つひとつのキーワードは言わばシャンパンピラミッドのグラスであり、ひとつにシャンパンを注ぐと時間をかけて周りに派生していくというわけです。

　本章では、具体的にどのような取り組みをしているのかを見ていきますが、私がこれまで取材してきたいい会社は、本業はもちろんのこと、本業とは直接かかわりのないことにも力を注いでいます。毎日、朝礼や掃除に長い時間を費やしたり、自分たちの手で大きなイベントを行なったり、来客の歓迎に手間をかけたりしています。

拡大志向や利益志向の会社から見れば、無駄に映ることばかりでしょう。しかし、いい会社は一見、無駄に見えることを行ないながら、理念の共有、人柄を知る場、顧客志向、地域へのかかわりと感謝などを育み、底力を蓄えているのです。

それでは、いろいろな取り組みを社内編、顧客編、地域編と3つに分けてそれぞれ紹介していきましょう。

いい会社は、社内で何をしているのか

まずは社内編です。特徴は一目瞭然で、毎日、毎週、毎月と、スケジュールが確定しているのです。左記の表はおおざっぱな表記ですが、実際は、「毎日午前7～8時の1時間」、「毎年2月の第1土曜日の午前9時から」など、明確に日時設定をし、次回の実施を約束しています。

これは、私たちが子どもの頃に通った稽古事と同じです。「水曜日の18時からは塾」、「土曜日の10時からは書道」と、予定に組み込むことで、他の用事よりも優先して当

たるようにしましたよね。稽古は、繰り返し習うことでようやく身に付くもの。会社の取り組みも同様で、気まぐれにやっていても力はつきません。**社風にするためには定期的に何度も行なう必要があるのです。**

いい会社の取り組み例（社内向け編）

- 毎日、社内外を1時間かけて掃除
- 毎日、朝礼を1時間
- 毎日、場所の離れた支店ともスカイプを通じて一緒に朝礼
- 毎週、各部署から集まる有志の会（勉強会やイベント企画など）
- 毎週、昼休みに全社員でバーベキュー（都田建設）
- 毎週、全員でディスカッションの会
- 毎月、全員で読書発表会
- 毎月、誕生会や食事会
- 毎月、社員による社員のための社内見学会
- 半年ごとに、全員で1泊2日の合宿

■半年ごとに、全員が全員を評価し合う（360度評価）
■半年ごとに、家族が来社する逆参観日
■年に1回、投票で上司を決める
■年に1回、全部門が主役になる経営方針会議
■年に1回、自社の敷地でお祭りを開催

表を見ていきましょう。「朝礼」を行なう会社は多いですが、いい会社の中には1時間を費やすところもあります。2章の西精工もそうで、うち40分は哲学を語り合っています。ほかの例では、顧客の声を伝えたり、社員同士が前に出て感謝し合ったり、誕生日の人を祝ったり、輪番で3分間スピーチをしたり、ディスカッションをするなど、会社によってさまざまなプログラムがあります。

始業時間の前後は、最も多くの社員と顔を合わせられるチャンスです。方向性を確認し合い、想いを共有するプロセスを重んじることによって、結果として好業績を生んでいる会社は少なくありません。

「各部署から集まる有志の会」もよく見られます。社内イベントの実行委員会、地域

のチャリティイベント企画など、各部署からメンバーが集うことで、経理と営業、総務と技術など、普段は行動を共にしにくい部門同士が、連携する機会が生まれます。

例えば営業が、「経理は1日中、冷暖房の効いた部屋で座っていて楽そうだと思っていたけれど、伝票処理がそんなに手間とは思わなかった」と言い、「営業は自由に外に出られて、気楽でうらやましいと思っていたけれど、客先でそんな苦労があるとは知らなかった」と経理が気遣う。そんな光景が見られ、日常業務もうまく進みだすことがあります。各部から人が集う取り組みは、自然とできてしまう部門の壁を取り除く副次的効果が実は大きいのです。

「ディスカッションの会」も、取り上げておきたい仕組みのひとつです。

3章で紹介した「なぜ顧客は大切なのか」はディスカッションのテーマとして有益です。話し合う中で、自分たちの目的や感謝などを再確認できるからです。

なお、せっかく集まってもみんな発言しないとか、発言する人が決まってしまうと、悩むリーダーは少なくありません。しかし、誰にだって自分の意見はあります。何も知らない新人で入っても、仕事を続けるうちに、「それはおかしい」、「こうすればもっとやりやすい」と、自分なりの意見が脳裏に浮かぶはずです。それでも発言しないということは、会社あるいは人生のどこかで、「発言しないほうが得だ」と、学習してしまったのです。

この暗示を説くには、発言の機会を繰り返しつくる必要があります。ご存じの人も多い「ブレインストーミング」を取り入れるのも一案です。集団でアイデアを発想する際の技法で、①批判厳禁、②自由奔放、③質より量、④結合改善と、4つの約束事を守ることで意見を出しやすくするのです。

「読書発表会」を毎月行なう会社もあります。これは、「ビブリオバトル」というイベントを取り入れたもので、参加者が自由に選んだ1冊の本や漫画を5分間でプレゼンし、最も読みたくなった本をチャンプ本とするものです。

発表者は自分の頭で構成や聞かせどころを思案するトレーニングができ、聞いた人は、「ああ、この人はこういうことに興味があるんだな」、「意外と面白いことを言うんだな」など、人柄を垣間見られたり、次に会ったときの会話の糸口として活用できるわけです。

「誕生会」や「食事会」を導入している会社は多いですが、これを単なる食事会で終わらせず、想いを伝える場、対話の場にしている会社もあります。

例えば、リーダーが誕生日の仲間に手紙を書き、みんなの前で読み上げるなどです。笑えるエピソードや、本人の成長を感じた場面を書くのもいいでしょうし、口頭では気恥ずかしくて言えないエールも、手紙ならしたためられそうです。その手紙はもらった人の心の支えになるかもしれませんし、手紙を書くリーダーも、自分はリーダーなんだと、改めて自覚するきっかけになるのではないでしょうか

「社員による社員のための社内見学会」を行なう会社もあります。

例えばものづくり企業の場合、事務の人は工場を歩いたことがないということがありますし、逆もしかりです。しかし、どのセクションも同じ会社の一部分であり、すべてが合わさってひとつの会社が成り立っています。

そこで、社員をあたかも顧客のように案内する社員同士の見学会を行なうのです。その部門の苦労や喜び、ほか部門とのつながりを理解しやすくなり、円滑なコミュニケーションにもつながります。他社の見学会もいいのですが、脚下の自社見学会も想像以上に有効です。

このほか、有志でテニスや登山といった部活が設けられている会社もたくさんあります。本業とは直接関わらない取り組みをしているいい会社は、全国あらゆる場所に存在しています。本書に登場する13社も、いくつものことを取り入れて組織の活性化に役立てています。

もちろん、本業に直結すること、つまり、ものづくりならものづくりについて、サービスならサービスに関する取り組みに力を注ぐ重要性は言うまでもありません。しかし、言ってみればそれは当たり前のことでしょう。

私がここで伝えたいのは、いい会社は当たり前のことを並外れた情熱で続けるだけではなく、当たり前の枠外にある多彩なアイデアを取り入れて、実際に成長しているという事実です。

もっと働く人が幸せになるために、もっと顧客や地域のためになにができるだろうと模索した結果の一部が、本章で紹介している事柄です。本書ではそれぞれ10～15個を載せていますが、実際には何百もの方法があります。

なお、何かを始めたら、継続するのもまたチャレンジです。ここで大切なのが、リーダーの本気さ（103ページ）と何のためにやるのかという目的です。
そのプロセスでは、順番をよく考え、人の感情に配慮し、何を率先垂範して何をしないのかを見極めることも必要です。

いい会社でたびたび耳にするのですが、情熱を持ち続けこつこつ実践していると、やがてこれまでとステージが変わり、お祝いのように運が味方につく現象が起こります。強力な応援者だったり、求めていた人財だったり、願ってもない注文や賞の受賞など、さまざまなことです。これまでとは違ういい風が吹いてきた。そんな感覚がやってくるのです。世の中には目に見えない筋道があるようで、私の知る限りでは、この流れに乗らなかったいい会社はありません。

日本電鍍工業（埼玉県さいたま市）

椅子をやめて感覚から意識改革
危機からV字回復し、成長し続ける会社

会社がよりよく変わっていくきっかけのひとつとして、経理・総務も含めて、全員が立って仕事をしている会社が埼玉県さいたま市にあります。

１９５８年からめっき会社を営んでいる日本電鍍工業（65人）です。建物はめっき会社のイメージを覆す爽やかなレモンイエロー色で、どの季節に行っても、花壇には色鮮やかな花々が咲き誇っています。ちなみに「めっき」は日本語で、漢字では鍍金と書きます。錆を防ぐ防食、美しい装飾、電気伝導の機能など、さまざまな用途で社会や暮らしを支えている縁の下の力持ちです。

さて、日本全国の多種多様な会社を訪ねてきた中で、事務職まで立って働いている会社はほかに知りません。全員が立って働くアイデアは、社長の伊藤麻美さんが考え

たものです。全社的な意識変革のために、最初に自らが椅子を捨ててスタンド机を購入し、立って働く姿を見せることからスタートしました。

同社は、麻美さんの父が創業した会社で、金融機関も太鼓判を押すほど財務体質の盤石な会社でした。しかし、父が病で亡くなると次第に経営が悪化。社員が継いで約6年後には倒産危機に陥りました。

麻美さんは、めっき会社とはまったく違う道を歩いてきました。自宅も離れていますし、それまで工場には3回しか行ったことがありません。ラジオのパーソナリティを経て、米国に留学。好きだった宝石の鑑定士と鑑別士の資格を取得し、世界ブランドのカルティエから声がかかっていました。２０００年のことです。

しかしその矢先、日本から「会社が倒産しそうだ」という一報が入ったのです。直ちに帰国した麻美さんは、新しい社長を見つけて米国に戻ろうと考えますが、当時、平均年齢59歳で借金が10億円もある会社を再建しようとする人は現れません。

麻美さんは決断しました。自分の夢を胸にしまい、「私が社長になります」と宣言したのです。端から見れば無謀ですし、会社を畳む選択肢も提示されていました。しかし、15年ぶりに会社を訪ね、働く社員の姿を見たときに、その選択肢は消えました。

「一人ひとりに家族がいて、人生があるんだなって思ったんです。私が不自由なく学校へ行けたのも、みんなが父と働いてくれたお陰です。今度は、私が恩返しをする番でした。失敗したらすべてを失うけれど、命を取られるわけじゃない。いま挑戦しなかったら、死ぬときに絶対、後悔するって思いました」

創業者の娘とはいえ、めっきも経営も素人で、一円の財産も残されていません。しかし、麻美さんは不思議なことに、「できる」と感じたそうです。「父を愛しているから私にはできる。そんな暗示のようなものが強く働きました」

リーダーが率先垂範した意識改革

麻美さんが最初に始めたのもあいさつと掃除です。中には露骨に無視する社員もいましたが、「○○さん、おはようございます」と、名前を呼びながら笑顔であいさつし続けました。

ようやく会話が生まれ始めましたが、安堵したのも束の間、今度は不平不満のオンパレードです。麻美さんは精神的にまいりそうになりますが、じっと耳を傾けることを自分に課しました。

「金融機関の人に書類を投げられたり、本当の社長を連れて来いと一蹴されたり、大変なことがありすぎて、このくらいはどうってことありませんでした。それに、協力してくれる社員もいましたからね。プラスのほうに心を向けるようにしました」

何事も継続は力なりです。あいさつや掃除は次第に習慣になり、逆に社員から「机が汚いですよ」と注意されるほどになりました。

1年目には、お金がないので社員の夫も巻き込んだ有志で、手作りホームページにも挑戦しました。数週間で完成したそれはわずか2ページのものでしたが、アップした直後に大きな注文が入るという幸運をもたらしました。新規営業にも駆け回り、3年目には黒字化を達成します。この2003年以降、同社はリーマンショックの08年を除き、毎年黒字を達成しています。


近年、取り組んでいるのは意識変革です。創業社長だった父親がいなくなって会社が傾いていったことを鑑み、トップリーダーがいなくても社員で動かせる主体的な会社を目指しています。

冒頭に記した、全員が立って仕事をするというアイデアはその一環で、**「会社全体**

が変わろうとしている」という事実を、頭だけではなく身体で感じるための工夫でもあります。

座っていた仕事を、一日中、立ってやることになるのですから、反発は想像がつくでしょう。しかも同社の場合、工場以外の検査や総務は女性社員が多くを占めますのでなおさらのことでした。ですが、ここはトップリーダーが真っ先に、立って働く姿を見せました。このような場合は、率先垂範が活きます。もし、リーダーが着席のまま周りだけを立たせていたら、不平不満が消えないばかりか、意欲が著しく下がるでしょう。

すべての部門を立ち仕事にした際は、休憩用の折り畳み椅子を全員に配布しました。ですが、今も疲れるという声はあります。しかし、残業が如実に減り、生産性が高まりました。これは社員にとっても朗報です。

改修工事とユニフォーム刷新も同時に行なったことで、見るからに変化していることが理解でき、また、見学者からは会社の美化やあいさつなど褒められる機会が増え、さらに変化を実感できるようになりました。

「事務職まで立つ会社は珍しいと思いますが、必要であればもちろん座って働いても構いません。事務職には高いスツールもすでに渡してあります。ただ、私自身は立ち続けます。一部だけが楽をするような会社ではなく、みんなで物事を共有したいんです。自分の功績を吹聴する人がいれば、周りへの感謝を忘れてほしくないと言いますし、みんなで力をつけ、その力を合わせていきたい。社員も65人に増え、その家族まで入れればたくさんの人の生活が託されていることになるのですから」

日本電鍍工業は、楽器や宝飾品、医療や美容器具などの貴金属に特化しためっきであることと、難しい厚塗り技術というふたつの強みを持ち、美しさと耐久性に貢献しています。現在では、さいたま彩の国工場指定、埼玉県多様な働き方実践企業プラチナ認定など、公に評価を受けるようになりました。

日本には、「めっきが剥げる」という有名なことわざがありますが、「現実の世界では、あってはいけない」と麻美さんは言います。「技術的にも、会社の品性としても、めっきが剥げない会社をこれからも目指します」。

いい会社が行なう本業以外の取り組み

いい会社は、顧客に対して何をしているのか

社内編の次は顧客編です。ここでは業界を問わない来客時の歓迎・送迎について10のスタイルを挙げました。

これらは131ページに記したおもてなしのひとつであり、顧客を歓迎したいとの想いがまずあって、それが形になったものです。ただ、何事にも例外はあり、最初は形から入ったけれど、やがて心が伴ったという場合もありますから、いいと思ったことはやってみてはどうでしょう。

なお、ほかの会社をそっくり真似てもうまくいかないと言われますが、とはいえ、自社のやりやすいように変え過ぎると、質が伴わないお粗末なものになりかねません。ジャンプし続けるのは無理でも、背伸びをし続けるくらいのレベルで取り入れるのが

よさそうです。

具体的に表を見ていきましょう。ウェルカムボードに訪問客の名前を書いて歓迎する会社が近年、とみに増えてきました。名前というのは、到着時から訪問客の心を温められる、世界で一番短いおまじないだと思います。来客が多いと手間も増えますが、多くの会社が手書きの用紙や専用掲示板を用いるなど、さまざまなスタイルで迎えています。自社紹介をパワーポイントで行なう会社の中には、スライドの1枚目に顧客の名前と歓迎メッセージを入れるところもあります。

いい会社の取り組み例（顧客来社時の歓迎・送迎編）

- ■ウェルカムボードで歓迎
- ■自社紹介パワーポイントの最初に客名入りのウェルカムスライド
- ■客名入りのデザインちらしを持って駅までお出迎え
- ■全員が起立してあいさつ
- ■お茶にメッセージカードなどを添える

■地元の踊りを披露
■ガラスや鏡一面に歓迎の言葉
■来社時の記念写真を帰りまでにプリントして贈呈
■顧客の名入りのカップやカレンダーなどを贈呈
■顧客が帰る際は、見えなくなるまで手を振ってお見送り

また、来社時の記念写真を滞在中にプリントし、オリジナルの額縁に入れて、帰り際にプレゼントする会社もあります。

表の最後にある見送りは、本書で紹介している会社のほとんどで受けていますが、見えなくなるまで手を振り合うお別れというのは、何度経験しても心に残るものです。

この見送りも、ほかの歓迎・送迎も、効率や生産性を鑑みれば無駄かもしれません。

しかし、**いい会社がこれら無駄なことを行なうのは、数値には表れない価値があるからです。**顧客の喜びを間近に感じる体験、こうすればもっとよくなるのではないかという想像力や気づき、一体感―。これらは仕事の質をも高めていくのです。

いい会社は、地域に対して何をしているのか

社内編・顧客編に続いては、いい会社が行なっている地域貢献活動編です。こちらも社内編のように、毎日○時から、毎週○曜日、毎年○月など、スケジュールを確定しているものが目立ちます。

一般的に、工場や本社機能だけの会社は、地域とのかかわりは薄くなりがちですが、製品の出荷で地域の道路も使えば、排気ガスや騒音も出しています。研修や総会で地域の公民館を使うこともあるでしょう。社員もその地域から通ってきますし、未来の社員もそこにいます。要するに、どのような業態であれ、地域とかかわりなく存在する企業はないのです。

私は、最も大切な貢献活動は本業だと思っていますが、本業とは直接関係のない貢献活動も、本業をさらに成長させるために必要不可欠なものだと考えています。これらの活動は、会社のイメージを高めるだけではなく、地域に暮らす社員やその家族の誇りにつながってモチベーションを高めますし、前述のように未来の社員の耳にも届いていくからです。

では、表を見てみましょう。毎日、近隣の子どもたちの登校を見守っているのは、5章で紹介したアップライジングです。小学校にはあらかじめ許可を取っています。当初は子どもと親に訝しがられたそうですが、いまではハイタッチも見られています。

他社では、自社でお祭りを開催する会社もあれば、地元の祭りに全社を挙げて参加する会社もあります。4章と6章に登場しているネッツトヨタ南国では、高知のよさこい祭りに4年に1度参加しています。私も一度見に行き、全員の情熱が全身からほとばしるパフォーマンスに目を奪われました。

このほか、昔から伝わる踊りを社員たちが真剣に練習して出るため、祭りの格が上がると、地元民に喜ばれている会社もあります。

また、有志の社員がサンクロースの格好をして、子どものいる社員の家や福祉施設を訪問する会社もあります。自ら手を挙げてサンタに扮する社員は、特別な食事をして過ごすより、人に喜ばれるクリスマスのほうが楽しい、と言っていました。

こうした活動は、地域の人々に喜ばれるうえに、自分たちの方向性を確認する場、チームワークを高める場でもあります。先に取り上げた社内向けの取り組みも、顧客の歓送もその点は同様なのですが、地域に対する活動は規模が大掛かりなものが多いだけに、自分たちが得られるインパクトも大きく、会社変革の大きなきっかけともなり得るものです。

いい会社の取り組み例（社会・地域に対する貢献活動編）

■毎日、子どもたちの登校の見守りとあいさつ
■毎日、最寄り駅や周辺道路を掃除
■毎日、緑豊かな敷地を解放して憩いの場を提供
■毎日、店舗の一角をサロンにし、集いの場を提供
■毎週、高齢化が進む地域の団地や畑の草とり
■半年に一度、社員の子どもや地域住民を招く会社見学会
■毎年、地元の祭りに全社をあげて参加
■毎年、クリスマスに近隣の福祉施設を慰問
■毎年、自社が主催するコンサートに住民を招待
■行政と連携した婚活イベントを開催
■近隣の学校に出向き働く楽しさなどの授業

石坂産業（埼玉県三芳町）

地域から愛され共存共栄する
森の中のリサイクル業

埼玉県・三芳町。17万８０００㎡のくぬぎの森の一角に、産業廃棄物処理業を営む石坂産業（１７４人）はあります。

吹き抜ける風と鳥のさえずり。花々が季節の到来を教えてくれる自然豊かな場は、住民の高齢化などによって手入れが行き届かなくなった里山を同社が再生したものです。生物多様性を評価するＪＨＥＰでは最高ランクＡＡＡを取得しています。

ここには、宮大工がつくったくぬぎの森交流プラザ、散策路、神社、カフェテリア、アスレチック、人が乗って走れる電動ミニＳＬ、ツリーハウス、パン工房、体験農園、農作物の直販所などが点在しており、森全体が自然を体感するテーマパークになっています。２００３年ごろから、同社がこつこつとつくってきた夢の場です。

今では、近隣の小学校から環境学習にやってきた子どもが、「将来、ここで働きたいと思いました」と、手紙を書いてくれることもありますし、たびたびカフェにランチを食べに来てくれる住民もいます。積極的に受け入れている工場見学も合わせると、年間3万人がここを訪れ、地域との共存共栄が図られています。

石坂産業が地域から愛される経営を模索し始めたのは、1999年のことでした。覚えている人も多いと思いますが、ニュースで盛んに取り上げられたダイオキシン問題がきっかけです。

これは誤報だったのですが、当時の同社はプラスチック製品の焼却処理をなりわいとしており、地域で一番大きな焼却炉を有していたことから標的にされました。焼却炉は最新型でダイオキシンは基準値を大きく下回っていたものの、これは報道されず、ダイオキシンをまき散らして地元農家や住民を困らせている当事者としてまつりあげられたのです。

想像してみてください。朝、会社に出勤すると、住民や環境保護団体がのろしを上げて待ち構えており、「石坂、出て行け!」と、罵られる光景を。さぞ、居たたまれなかったことでしょう。しかし、同社は屈しませんでした。

後に二代目社長となる石坂典子さんはこの時期、創業者の父と共に、「脱!産廃屋」

を掲げます。それは次のような思いからでした。

「人が生きている限り、ごみは必ず出ます。社会が出したものを法に則って片づけているのに、なぜ社会から叩かれないといけないのでしょう。ゴミを出しているのは誰ですか。私たちはまじめにやっています。必要な仕事だと誇りを持っているんです」

誤解によって糾弾されても、地域とともに歩みたいという想いが同社にはありました。そこで、苦渋の決断で15億円を投じた焼却炉を撤去し、ゴミを燃やさずに生かすリサイクル企業へとシフトしたのです。

地域の人に社内を見てもらい信頼回復

新たに選んだ廃棄物カテゴリーは、個人住宅を解体した際に出る混合廃棄物でした。屋根から土までを含み、リサイクルが最も難しいとされる分野です。

新プラントは、当時の年商25億円を大きく上回る40億円をかけて建設されました。この業種は屋外の処理が許されていますが、住民がほこりや騒音を気にしなくて済むように、屋内で処理できる全天候型としたのです。

ところが、せっかくの配慮は逆手に取られ、中で悪いことをしているのだろうと怪しまれてしまいます。会社の財布はからっぽどころか借金過多でしたが、地域の信頼には代えられません。同社はさらに2億円を追加し、新たに見学通路をつくりました。そして、希望者にプラントをくまなく見てもらいました。社員の働く姿を見せ、廃棄物処理の意義を直接、伝える。これをきっかけに、石坂産業の評価は徐々に変わっていきました。

「疑われたときは本当に残念でしたが、気持ちを切り替え、相手に伝わりやすい方法を考えました。私たちは価値のある仕事をしていると思っていますし、社員もいい仕事をしています。その姿をどうしても見てもらいたかったんです」

典子さんはダイオキシン騒動の10年前、89年に石坂産業に入社しました。その頃の本社はプレハブで、男性ばかり50人。サンダル履きでタバコを吸いながら作業するのは当たり前。気性の荒い人も多く、会社の品格を高めたいとする典子さんの想いはなかなか伝わりませんでした。

２０００年に社長に就任すると、理念や行動基準をつくり、一気に３つのＩＳＯを取得（現在は７つ取得）。本社ビルの建設にも着手します。

技術力の向上にも本腰を入れ、現在では持ち込まれた廃棄物の95%をブロックや砂などにリサイクルしています。混合廃棄物の認定を取得している会社は全国に3社しかない上、95%のリサイクル率を誇る会社はほかにありません。

苦しい時期を乗り越えて、業績も建て直しました。売上高は48億8000万円を突破し、2008年以降、増収増益が続いています。その上、純利益は2011年から10%を下りません。石坂産業も、質を徹底して追求したことで、業績という量が高まった好例です。

岐路に立ったときは社会の役に立つほうを選ぶ

さて、典子さんは冒頭のくぬぎの森の整備にも力を入れていきました。これも、地域との信頼関係を大切に考えたためです。

「廃棄物処理は土地を汚染すると思われがちですので、汚染していない証明として、周りの雑木林に公園をつくり、地域の方に見ていただきました。これが素敵だと評判になり、周囲の地主さんから、『うちの土地も管理してほしい』と、依頼されるようになっていきます。今では当社と地主さんの敷地を併せて東京ドーム3倍の森になりました。8割は緑地で、2割がプラントと本社です。美しい森を保つために、専属社員6人で毎日、整備に当たっています」

私はたびたび石坂産業を訪問していますが、毎回、印象に残るのはあいさつです。駐車場や本社のみならず、プラントでもあいさつしない人がいないのです。ガラス窓の向こうで、防塵マスクを被ってベルトコンベアーに流れるごみを選別している人ですら、パッと顔を上げ、声を出せない代わりに会釈をしてくれたり、手を振ってくれたりします。2章に記しましたが、あいさつは会社の質に比例すると、つくづく思います。

論理的には、仕事に没頭してあいさつしないことに何の問題もありません。しかし心情的には、仕事よりもあいさつを優先する会社に信頼を覚えるものです。なぜなら、誠意や団結力、そして幸福感につながる心のゆとりを感じるからです。

さて、地域の信頼を育むために行なってきた見学会や地域に森を開放する試みのほか、同社はさまざまな趣向で地域との関係性を高めてきました。

例えば、環境教育等促進法の制定に伴う「持続可能な開発のための教育（ＥＳＤ）」

を行なう場として、民間企業として初の認定を受けています。
また、自社で企画している「くぬぎの森環境塾」では、森の散策や地元・三富の古民家見学などを通して、人と自然の調和を考える機会を提供しています。この塾は、埼玉県知事から「体験の機会の場」の第一号認定を受けており、小中学校の社会科見学にも活用されています。

さらには、地域住民を招待する夏祭りや環境EXPOなど、大々的なイベントを数年ごとに開催し、地域の魅力と環境保全への啓蒙も行なっています。

地域からいわれのない中傷を浴びても、扉を閉ざさすことなく手を携える関係性をつくって来た石坂産業。「**岐路に立ったときは、社会の役に立つ方を選んできた**」と語る典子さんが考える成功は、地域密着度の高い会社として、日本をはじめ世界からも認められる会社になることです。
そして、それはもう手の届くところにありそうです。

情報の共有化とは透明化のこと

何度も書きますが、いい会社は、最初から別格だったのではありません。変わろうとする情熱と目的、そしてさまざまな取り組みがあったのです。

多くの会社は、本書でも明らかなように10年、20年と時間をかけていますが、その間の3年、5年と短い期間にも「変わった」という実感を持つ会社は数多くあります。先述した稽古事のように、やり続けていれば、初日に比べて明らかに成長している実感が持てるようになります。

いい会社は、それぞれに異なる主旨の取り組みを20くらいは取り入れています。ひとつの会社には多様な感性を持つ人間が働いており、朝礼よりも社員見学会が心に刺さる人もいれば、見学会よりも地域貢献のほうが一体感を覚える人もいます。ですから、ひとつでもふたつでもなく、多数の方法を取り入れることで、抜け落ちやすい粗いザルではなく細かな網の目のように想いを張り巡らせているのです。

こうした取り組みを行なう企業に、私はあえて質問をします。「なぜ、本業と直接、関係のないことに力を入れるのですか」。すると、次のような答えが返ってきます。


「豊かな人生のために、みんなで人間的に成長していきたいんです」

「会社の成長は人の成長だからです」

「これは未来への投資です」

「お客さまは仲のいい組織が好きなんです」


この通り、一見無駄な取り組みは、実は人と会社のためになっているわけです。219ページに記したように、会社＝人間＋仕事であり、仕事は勝手に成長しませんから、人の成長が企業の成長とはまさにその通りです。

新しい取り組みを始めるときは、まるで試金石のように、反発する人、さぼる人、約束を忘れてしまう人が現れ、リーダーの本気度（103ページ）が試されます。それをやり続ける情熱の有無が、習慣になるか自然消滅するかの一番の分かれ目です。

人間関係の質がいい会社づくりの大切なポイント

次ページの図は、マサチューセッツ工科大学のダニエル・キム元教授が２００１年に研究発表した「組織の成功循環モデル」(Core Theory of Success) です。組織はこのような循環で成功していくというもので、数々のいい会社を訪ねてきた私も共感しましたので、かいつまんで紹介したいと思います。

①の関係とは、人間関係のことです。また４つの項目、それぞれの「有無」ではなく、「質」を問うている点も重要です。

さて、結果が出ないと悩む多くのリーダーは、「行動しろ、結果を出せ」と、③④ばかり偏重しますが、よきリーダーが大事にするのは①②③④の順番であり、本章で紹介してきたような取り組みによって、それぞれの「質」を高めているから結果が出るのです。まさに2章の「順番を大切にする」で記したとおりです。

結果の質は行動の質がもたらし、行動の質は思考の質がもたらし、思考の質は人間関係の質がもたらします。よって、①②を除外して、③④だけで成功することはできないということをこの図は示しています。

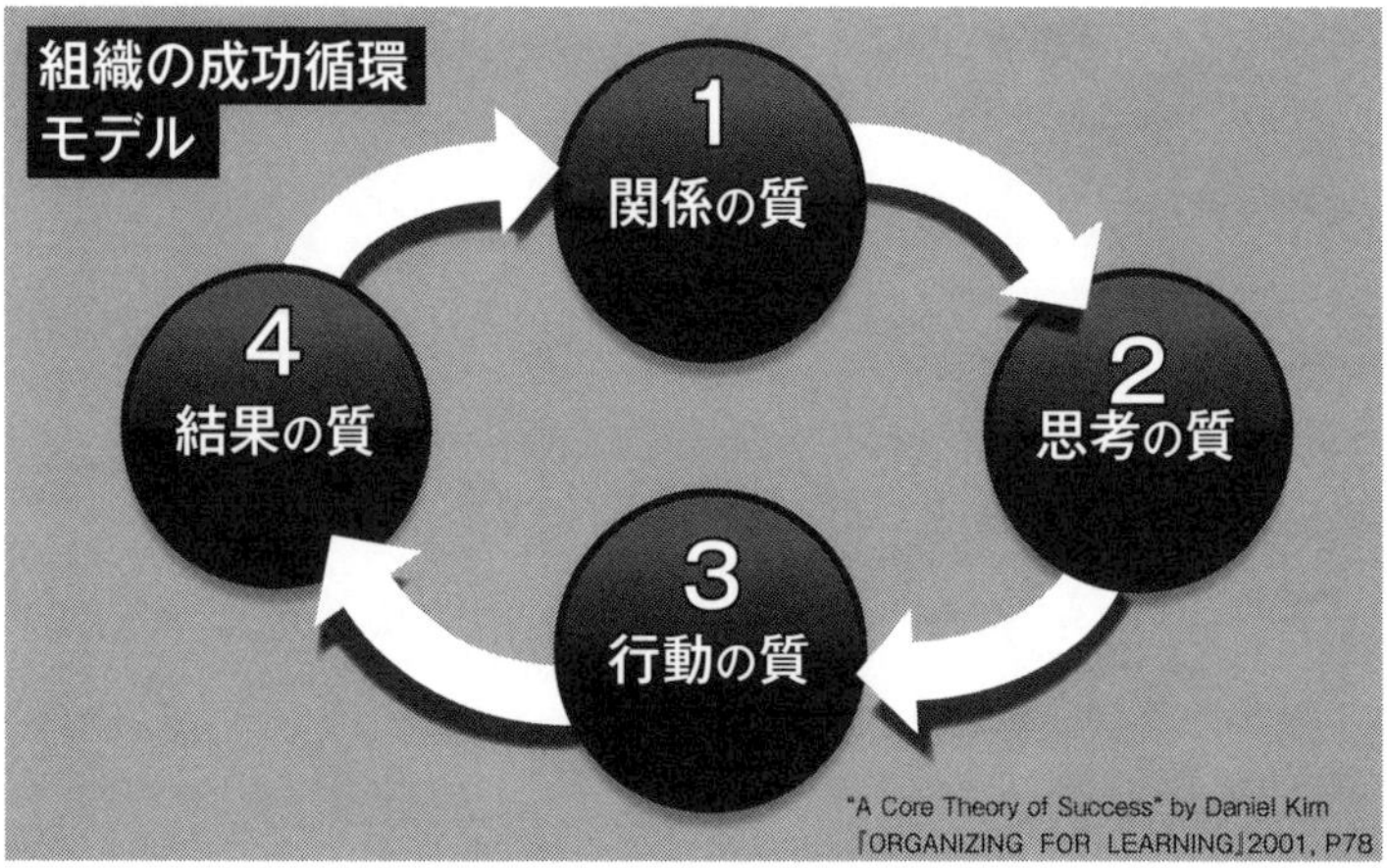

人間関係の質がよければ、相手への思いやりや互いの気づきが生まれ、A案とB案で衝突するのではなく、より質の高いC案を共に考えることができるでしょう。

また、各自が主体的に行動することで、結果が伴うのです。仮に、結果が思わしくなかったとしても、それまでの人間関係、思考、行動の質がよければ関係が悪化することなく、どうすれば次は結果が出せるだろうと知恵を出し合い、そのプロセスがさらに人間関係の質を向上させるでしょう。つまり、**一番大切なのは組織の人間関係の質**だと言っているのです。

先ほど、いい会社が本業以外に取り組んでいることをさまざま紹介しましたが、実は、あれらは人間関係の質を高める取り組みでもあります。

顔、名前、業務を知っているだけで人間関係の質がよいとは言えません。人間関係の質がよいとは、尊重し合い、助け合い、喜び合う。そうした関係のことなのです。

しかも、隣の席や同じチームのメンバーだけではなく、会社全体で縦横無尽によい関係性が持てたら、弾力性のある非常に強い会社となります。

前述した、全社的に行なう多様な取り組みは、人間関係の質に始まる成功循環を描く力にもなっていたわけです。

いい会社は何も隠さない

いい会社が導入するいろいろな取り組みは、情報共有化の面でも大いにメリットをもたらします。

会社にはさまざま情報がうごめいています。自社の方向性や財務状況、社員の属性や業務内容、取引先の状況、商品やサービスについて。また、文字にしにくい暗黙知もあります。とてもすべては書き出せません。

共有とは、読んで字のごとく共同で所有することであり、複数の人々がさまざまな情報を共同所有することによって、会社全体の動きがまとまりを持ちます。さらには、いろいろな人に見られていることが、ずるさの抑制にもなります。よって、情報の共有化はひとつの仕事といっても過言ではありません。にもかかわらずうまくいかない会社があるのはなぜでしょうか。

ひとつには、たとえ仕事であれ、人は人間関係の質がよくない人と、わざわざ情報共有しようとは思わないからではないでしょうか。そのため、ネットで簡単に情報共有できるようになった今でも、伝えた・伝えられていないという問題がなくならないのだろうと考えています。

次の表は、さまざまな会社で聞いた、「情報を持っている側が情報を伝えない理由」です。伝えなくても分かるだろうという過信や、苦情や失敗を伝える勇気が持てないという不安など、理由はさまざまありますが、最後の「伝える先が苦手・嫌いな人であるという逃避」は、すべての理由に付随する想いではないでしょうか。

「仕事なのだから人の好き嫌いを言っている場合ではない」と言う人は多いのですが、例えばさまざまな機関が調査する退職理由を見ると、1位はいつも人間関係です。つまり、仕事だから我慢すべきだという考えは通用しないのです。

よって、我慢を強いるのではなく、感情がある以上は嫌なものは嫌なのだ、だから良好な人間関係が育めるようにいろいろな取り組みをしてみよう、と考えたほうが未来志向だと思います。

◆情報を持っている側が情報を伝えない理由

- ■伝えなくても分かるだろうという過信
- ■伝える意味が分かっていない無知
- ■伝えても生かされないという諦め
- ■ほかの人がしないのだから自分もしないという真似
- ■自分の仕事ぶりを知られたくないという隠ぺい
- ■苦情や失敗を伝える勇気が持てないという不安
- ■うっかり伝え忘れたというミス
- ■伝えるのが面倒くさいという怠惰
- ■忙しくて伝える時間が取れないという多忙

■自分だけの情報にしておきたいという利己心
■管理や監視をされるようで嫌だという反発
■伝え方が分からないという困惑
■伝える価値がない情報だという誤審
■伝える先が苦手・嫌いな人であるという逃避

新しい取り組みを始める際、たとえいい会社でも、最初からみんなの想いがひとつにまとまっているケースは稀です。ですので、リーダーは過度な期待はせず、かといってあきらめず、静かに情熱の炎を燃やし続けてほしいと思います。また自分の力だけでやるのではなく、「いかに自然消滅させないか」について、みなで知恵を絞って考えるのもいいでしょう。

そのときに目を向けたいのは、次の表の「情報を持たない側が情報を受け取れない際の想い」です。

「あの人は知っているのに自分は知らされていない」。この不公平感は不信感、疎外感、失望感へと簡単に飛び火します。そして、人のやる気を奪ったり、攻撃的にさせたりするのです。わざと情報を知らせなかったわけではなくても、受け取れない側にとっては大きなダメージになります。無用な誤解を与えないよう、なぜやるのか、どうやるのか、いつやるのかを含めて、隅々まで伝えることに慎重に配慮したいものです。

◆情報を持たない側が情報を受け取れない際の思い

- 知っている人といない人がいるという不公平感
- 情報を隠しているのではないかという不信感
- 仲間外れにされているのではないかという疎外感
- 自分は尊重されていないという失望感
- 教えてくれないと仕事が進まないという焦燥感
- チームよりも個人個人で動く組織だという不毛な学習
- そちらが伝えないなら自分も伝えないという報復

中身が見えない箱の中に手を入れて、何が入っているかを当てるゲーム「箱の中身はなんだろな?」をご存じですか。

箱の正面は透明なので、ゲームを見ているほうは一目瞭然。ぬいぐるみ、ぬれた雑巾など、たわいもないものだと分かりますが、手を入れるほうは、気持ち悪い生き物かもしれない、かみつかれるかもしれないと、恐怖心との戦いです。中身が分かればどうということはないのに、**情報が伏せられていると疑心暗鬼になってしまうのです。**

会社では、情報共有しないことがこの状態に該当します。ゲームなら笑い合えますが、仕事では何も楽しくないばかりか、信頼を損なう弊害が生じてしまいます。

つまり、ここで言いたいのは、**情報共有化とは、ものごとを透明にすることだ**、ということです。透明で中身が分かっていれば、怖さも不信もありません。進んで手を入れられますし、他の人からも見えるので丁寧に扱うでしょう。

共有化とは透明化のこと。そして、透明化は安心感や信頼を生みます。1章で触れた目的を共有化することも、5章で触れた感情を伝え合う大切さも、それを透明にすることで本人も周りも安心と信頼を得られているのです。

安心と信頼は、人が力を発揮するための、いえそれ以上に、人が幸せに生きるための基盤です。人に不信を抱かせるのはそれだけで罪なんだ、というくらいの気持ちで、透明化を進めましょう。

透明化して共有する

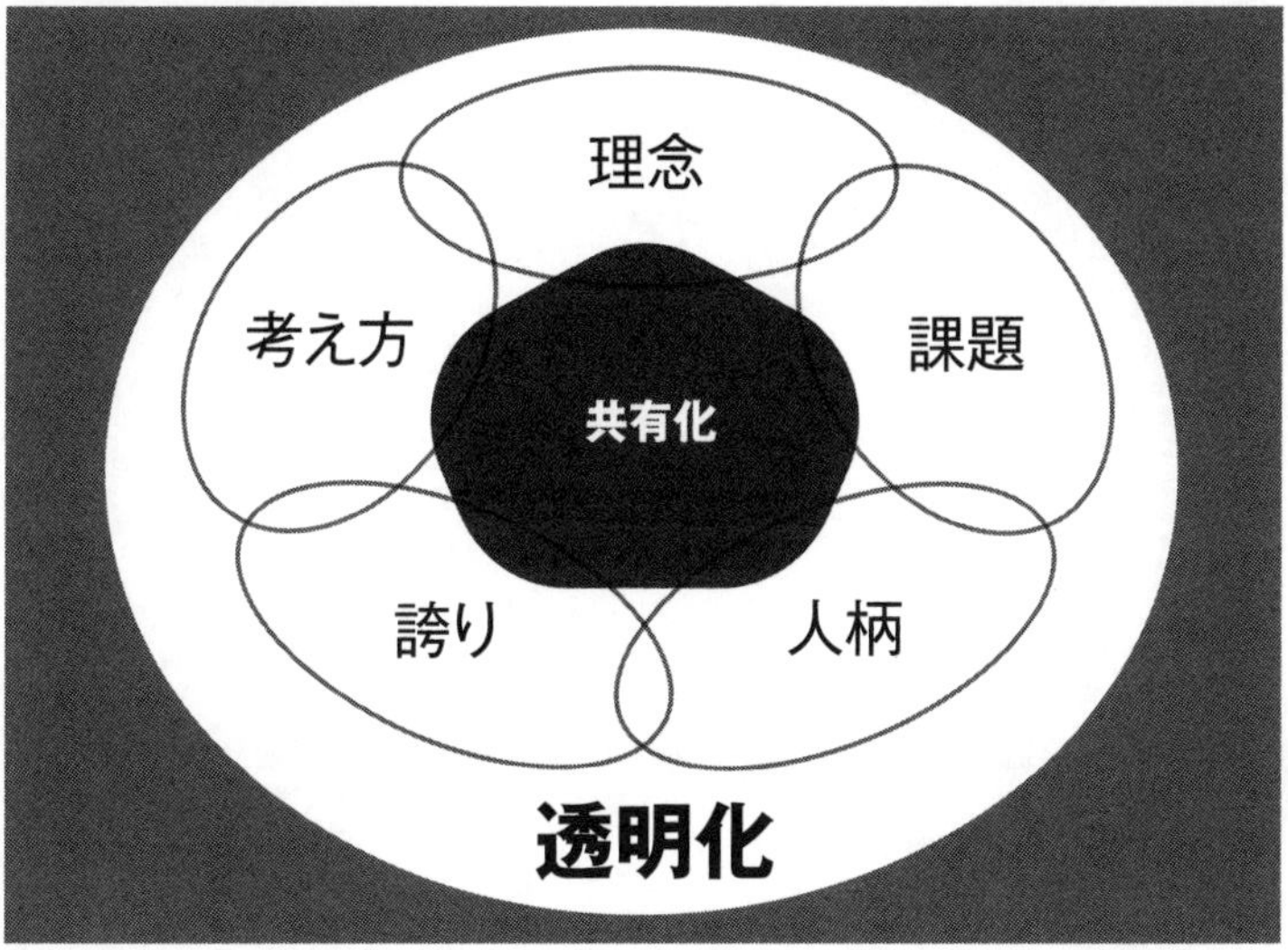

よきリーダーは無駄を好む

ひたすら本業だけを行なっているいい会社を私は知りません。会社が本業に力を注ぐのは当然であって、いい会社はさらに質を高めるために本業以外のことも大切にしています。これは、利他なる行動で〝喜ばれる喜び〟を得るという、純粋かつ精神的なギフトではないかと、私は思います。

しかも、それだけではありません。先に紹介した社内編、顧客編、地域編の各取り組みは、ひとつの会社の別々の部門で働く人たちが横断的に連携する場であり、部分最適ではなく全体最適へと導くきっかけにもなります。

さらに、一部の人だけではなく全体で行なうことは、自分とは別のものとして外から眺める客観から、自分もその一部であるとして中に入っていく主観へのシフトともいえ、それが当事者意識の集合体としてパワフルさを生むのです。

働く一人ひとりの世界を広げ、広がった世界が重なり合い、会社全体に潤いや深みを与えている。だから、よきリーダーは無駄なことを好むのです。

よきリーダーは、数字より心を、スピードより順序を、満足より感動を、威厳より笑顔を大切にします。仕事に感情を持ち込み、率先垂範せず主体性を、効率より無駄を大切にします。

世間でイメージされるリーダー像とは違うことばかりですが、これらを大切にすることによって、数字もスピードも満足も得ているのです。また、威厳ではなく尊敬を生み、感情を丁寧に扱うことでやる気や信頼を高め、主体性を尊重するので成長し続ける会社になります。そして、一見、無駄に見えるけれど人のためになることに心を込めると、社内・社外の善意がまるで結界のように会社を障害から守り、さらにいい会社への道を進んで行くことができます。そんな流れをたくさん見てきました。

その流れをつくるのはあなたです。たとえ、よきリーダーの在り方に周りが賛同してくれなくても、自分でできることはいくつもあります。たとえ、肩書がなくても、よきリーダーを待つのではなく、自分がなる。たとえ、部下がいなくても、自分が自分のよきリーダーになる。いまはよきリーダーたちも、そうしてやってきました。あなたにもきっとできると思います。よきリーダーたちが応援してくれています。

最後に、未来のよきリーダーに、エールを込めてこの言葉を送ります。

「始まりは、自分から」

あとがき

紀元前400年のはるか昔、ソクラテスは「生きるために食べよ、食べるために生きるな」と言いました。それから2400年もの年月が経ち、いい会社のよきリーダーたちは言うのです。

「幸せになるために働こう、儲けるために働くんじゃない」

その通り、人が働く真の目的は幸せになることであり、利益はそれを実現するための目標（手段）に過ぎません。しかも、この順番を守ったほうが儲かり続けるという事実が、全国の至るところにあります。

ところが、それでもなお、食べるために生きる、すなわち利益を上げるために働くのだと考える人は多く、本書で紹介したよきリーダーは、現代でもまだまだ変わったリーダーたちです。

しかし、大企業なら安泰だという考えが以前ほど勢いを持たなくなったように、目標を目的にする勘違いも、やがて終焉に近づくでしょう。

競争よりも共創を選ぶ新しい時代の意識と、ＡＩをはじめとする高度なテクノロジーが、思ったよりも早く、社会的な価値観の変容を実現させるかもしれません。

もしも、私たちが生きている間には間に合わなくても、次世代の理解ある人に、「いい土台をつくっておいてくれた」と、言われるような仕事をすることは可能です。

尊敬と敬愛を込めて、私はよきリーダーを変人と呼ぶのですが、変革はいつの時代も変人がするものです。現代の変人は、人間を犠牲にして数字を出させるリーダーではなく、人間愛を持って人の輝きを引き出し、それによって物心両面の豊かさを実現するリーダーたちです。そして、素晴らしい変人の輪は、しなやかに強く広がっているのを実感しています。

よきリーダー像はそれぞれあり、一番はないと思います。本書のすべてを取り入れるのも容易ではないでしょう。ですが、7章すべての根底にあるのは人間愛ですから、どれをとっても公私ともに生きるはずです。何よりもいつか「自分はよきリーダーであろうとし続けた」と、自身が歩んだ道に誇りを持てるのではないでしょうか。

本書は、ご登場いただいた素晴らしき〝よきリーダー〟のみなさまをはじめ、取材でご縁のあった数えきれない方々からヒントを得て形になったものです。何年もかけて培った哲学や実践を快く伝えてくださったことは感謝の念に堪えません。

内外出版社の取締役・小見敦夫さん、編集・関根真司さんのおふたりにも心よりお礼申し上げます。小見さんの「やりましょう！」のひとことで本書のプロジェクトが始まり、関根さんの心ある励ましとアドバイスのお陰で執筆を完了することができました。

よきリーダーたちが、利他の心で人の幸せを考え抜き、実践してきた７つのエッセンス。夢物語ではない、現実に生きるよきリーダー哲学が、ひとりでも多くの方に届き、背中を押せたのであれば、著者としてこれ以上の幸せはありません。

２０１７年10月吉日

瀬戸川礼子

瀬戸川 礼子（せとがわ れいこ）

ジャーナリスト、中小企業診断士。

宿泊・飲食産業の業界誌『週刊ホテルレストラン』を経て、2000年からジャーナリストとして独立。以降は、多様な業界で働きがい、顧客満足、おもてなし経営、よきリーダーとは、などを主題に、全国の2600社以上を取材。この取材で得た「企業も人も育つコツ」を元に、あらゆる業界において、取材、講演、研修、コンサルティングを行っている。経済産業省「おもてなし経営企業選」選考委員や、中小企業庁「はばたく中小企業300選」選考委員・政策審議委員会臨時委員、ホワイト企業大賞企画委員を務める。著書に、『おもてなしの原点 女将さんのこころ』（旅行新聞新社）、『顧客満足の失敗学』（同友館）などがある。

「いい会社」のよきリーダーが大切にしている7つのこと

発行日　2017年11月24日　第1刷
著　者　瀬戸川 礼子
発行者　清田 名人
発行所　株式会社 内外出版社
〒110-8578　東京都台東区東上野2-1-11
電話 03-5830-0237（編集部）
03-5830-0368（販売部）
印刷・製本　中央精版印刷株式会社

ISBN 978-4-86257-324-7